O teatro de Noemi Marinho

Fulaninha e Dona Coisa
Homeless
Cor de Chá
Plantonista Vilma

O teatro de Noemi Marinho

Fulaninha e Dona Coisa
Homeless
Cor de Chá
Plantonista Vilma

Noemi Marinho

imprensaoficial

São Paulo, 2007

GOVERNO DO ESTADO DE SÃO PAULO
TRABALHANDO POR VOCÊ

Governador José Serra

imprensaoficial

Imprensa Oficial do Estado de São Paulo

Diretor-presidente Hubert Alquéres

Diretor Vice-presidente Paulo Moreira Leite
Diretor Industrial Teiji Tomioka
Diretor Financeiro Clodoaldo Pelissioni
Diretora de Gestão Corporativa Lucia Maria Dal Medico
Chefe de Gabinete Vera Lúcia Wey

Coleção Aplauso Série Teatro Brasil

Coordenador Geral Rubens Ewald Filho
Coordenador Operacional
e Pesquisa Iconográfica Marcelo Pestana
Projeto Gráfico Carlos Cirne
Editoração Aline Navarro
Selma Brisolla

Assistente Operacional Felipe Goulart
Tratamento de Imagens José Carlos da Silva
Revisão Amancio do Vale
Dante Pascoal Corradini

Apresentação

"O que lembro, tenho."
Guimarães Rosa

A *Coleção Aplauso*, concebida pela Imprensa Oficial, tem como atributo principal reabilitar e resgatar a memória da cultura nacional, biografando atores, atrizes e diretores que compõem a cena brasileira nas áreas do cinema, do teatro e da televisão.

Essa importante historiografia cênica e audiovisual brasileiras vem sendo reconstituída de maneira singular. O coordenador de nossa coleção, o crítico Rubens Ewald Filho, selecionou, criteriosamente, um conjunto de jornalistas especializados para realizar esse trabalho de aproximação junto a nossos biografados. Em entrevistas e encontros sucessivos foi-se estreitando o contato com todos. Preciosos arquivos de documentos e imagens foram abertos e, na maioria dos casos, deu-se a conhecer o universo que compõe seus cotidianos.

A decisão em trazer o relato de cada um para a primeira pessoa permitiu manter o aspecto de tradição oral dos fatos, fazendo com que a memória e toda a sua conotação idiossincrásica aflorasse de maneira coloquial, como se o biografado estivesse falando diretamente ao leitor.

Gostaria de ressaltar, no entanto, um fator importante na *Coleção*, pois os resultados obtidos ultrapassam simples registros biográficos, revelando ao leitor facetas que caracterizam também o artista e seu ofício. Tantas vezes o biógrafo e o biografado foram tomados desse envolvimento, cúmplices dessa simbiose, que essas condições dotaram os livros de novos instrumentos. Assim, ambos se colocaram em sendas onde a reflexão se estendeu sobre a formação intelectual e ideológica do artista e, supostamente, continuada naquilo que caracterizava o meio, o ambiente e a história brasileira naquele contexto e momento. Muitos discutiram o importante papel que tiveram os livros e a leitura em sua vida. Deixaram transparecer a firmeza do pensamento crítico, denunciaram preconceitos seculares que atrasaram e continuam atrasando o nosso país, mostraram o que representou a formação de cada biografado e sua atuação em ofícios de linguagens diferenciadas como o teatro, o cinema e a televisão – e o que cada um desses veículos lhes exigiu ou lhes deu. Foram analisadas as distintas linguagens desses ofícios.

Cada obra extrapola, portanto, os simples relatos biográficos, explorando o universo íntimo e psicológico do artista, revelando sua autodeterminação e quase nunca a casualidade em ter se tornado artista, seus princípios, a formação de sua personalidade, a *persona* e a complexidade de seus personagens.

São livros que irão atrair o grande público, mas que – certamente – interessarão igualmente aos nossos estudantes, pois na *Coleção Aplauso* foi discutido o intrincado processo de criação que envolve as linguagens do teatro e do cinema. Foram desenvolvidos temas como a construção dos personagens interpretados, bem como a análise, a história, a importância e a atualidade de alguns dos personagens vividos pelos biografados. Foram examinados o relacionamento dos artistas com seus pares e diretores, os processos e as possibilidades de correção de erros no exercício do teatro e do cinema, a diferenciação fundamental desses dois veículos e a expressão de suas linguagens.

A amplitude desses recursos de recuperação da memória por meio dos títulos da *Coleção Aplauso,* aliada à possibilidade de discussão de instrumentos profissionais, fez com que a Imprensa Oficial passasse a distribuir em todas as bibliotecas importantes do país, bem como em bibliotecas especializadas, esses livros, de gratificante aceitação.

Gostaria de ressaltar seu adequado projeto gráfico, em formato de bolso, documentado com iconografia farta e registro cronológico completo para cada biografado, em cada setor de sua atuação.

A *Coleção Aplauso,* que tende a ultrapassar os cem títulos, se afirma progressivamente, e espera contemplar o público de língua portuguesa com o espectro mais completo possível dos artistas, atores e diretores, que escreveram a rica e diversificada história do cinema, do teatro e da televisão em nosso país, mesmo sujeitos a percalços de naturezas várias, mas com seus protagonistas sempre reagindo com criatividade, mesmo nos anos mais obscuros pelos quais passamos.

Além dos perfis biográficos, que são a marca da *Coleção Aplauso,* ela inclui ainda outras séries: *Projetos Especiais,* com formatos e características distintos, em que já foram publicadas excepcionais pesquisas iconográficas, que se originaram de teses universitárias ou de arquivos documentais preexistentes que sugeriram sua edição em outro formato.

Temos a série constituída de roteiros cinematográficos, denominada *Cinema Brasil,* que publicou o roteiro histórico de *O Caçador de Diamantes,* de Vittorio Capellaro, de 1933, considerado o primeiro roteiro completo escrito no Brasil com a intenção de ser efetivamente filmado. Paralelamente, roteiros mais recentes, como o clássico *O Caso dos Irmãos Naves,* de Luis Sérgio Person, *Dois Córregos,* de Carlos Reichenbach, *Narradores de Javé,* de Eliane Caffé, e *Como Fazer um Filme de Amor,* de José Roberto Torero, que deverão se tornar bibliografia básica obrigatória para as escolas de cinema, ao mesmo tempo em que documentam essa importante produção da cinematografia nacional.

Gostaria de destacar a obra *Gloria in Excelsior,* da série *TV Brasil,* sobre a ascensão, o apogeu e a queda da TV Excelsior, que inovou os procedimentos e formas de se fazer televisão no Brasil. Muitos leitores se surpreenderão ao descobrirem que vários diretores, autores e atores, que na década de 70 promoveram o crescimento da TV Globo, foram forjados nos estúdios da TV Excelsior, que sucumbiu juntamente com o Grupo Simonsen, perseguido pelo regime militar.

Se algum fator de sucesso da *Coleção Aplauso* merece ser mais destacado do que outros, é o interesse do leitor brasileiro em conhecer o percurso cultural de seu país.

De nossa parte coube reunir um bom time de jornalistas, organizar com eficácia a pesquisa documental e iconográfica, contar com a boa vontade, o entusiasmo e a generosidade de nossos artistas, diretores e roteiristas. Depois, apenas, com igual entusiasmo, colocar à disposição todas essas informações, atraentes e acessíveis, em um projeto bem cuidado. Também a nós sensibilizaram as questões sobre nossa cultura que a *Coleção Aplauso* suscita e apresenta – os sortilégios que envolvem palco, cena, coxias, *set* de filmagens, cenários, câmeras – e, com referência a esses seres especiais que ali transitam e se transmutam, é deles que todo esse material de vida e reflexão poderá ser extraído e disseminado como interesse que magnetizará o leitor.

A Imprensa Oficial se sente orgulhosa de ter criado a *Coleção Aplauso*, pois tem consciência de que nossa história cultural não pode ser negligenciada, e é a partir dela que se forja e se constrói a identidade brasileira.

Hubert Alquéres
Diretor-presidente da
Imprensa Oficial do Estado de São Paulo

Uma autora promissora

Noemi Marinho participou de um seminário de dramaturgia instalado dentro de um projeto do Fauzi Arap chamado *Rosa dos Ventos*.

Eu era o orientador do seminário e dava aulas de dramaturgia para os atores. De todos, dois se mostraram mais dispostos a entrar no reino das estruturas dramatúrgicas: Noemi Marinho e o Janjão. Este é, para quem não sabe, o João Carlos Couto. Os dois eram atores do grupo do Fauzi.

Noemi apareceu logo no primeiro dia com uma idéia para uma peça. Uma patroa e uma empregada. Penso que na época o restante do grupo não percebeu o alcance da idéia social, política e psicológica da peça da Noemi. Pouco a pouco ela foi erguendo a peça trançando os fatos dramáticos que faz da relação entre patroa e empregada um dos elos mais significativos da nossa sociedade. Achei que a Noemi tinha muito talento e vocação para a dramaturgia e me dediquei muito a acompanhar seu trabalho.

Quando a peça finalmente ficou pronta penso que todos souberam que ali estavam uma peça boa e uma autora promissora. A peça foi montada logo em seguida, e Noemi estreou como autora ganhando o prêmio Shell para melhor autor.

Todos nós do grupo ficamos emocionados com aquele prêmio. Para mim, o principal foi ter vontade de continuar trabalhando com novos em dramaturgia. Apesar de o projeto do Fauzi ter chegado ao seu final, eu, estimulado pela peça da Noemi, resolvi continuar com o seminário de dramaturgia. Dei o nome de Semda (Seminário de Dramaturgia da Arena).

Portanto, *Fulaninha e Dona Coisa* está na base do Semda e faz parte das raízes da história do seminário.

Logo no ano seguinte a peça *E Agora Cacilda?* do Janjão ganhou também o prêmio Shell de melhor peça. Era o resultado confirmado da experiência começada pelo Fauzi Arap.

Tudo começou no *Rosa dos Ventos*.

Noemi logo escreveu *Homeless* com temática bem diferente de *Fulaninha e Dona Coisa*, mas com bom fundamento dramatúrgico. Depois escreveu mais algumas peças, incluindo o *Almanaque Brasil,* que obteve muito sucesso. *Fulaninha e Dona Coisa* logo chegou aos palcos em outras novas montagens. Hoje em dia Noemi é uma autora de dramaturgia conhecida por todos e seu cartão de visita são as peças que, montadas, sempre fizeram sucesso.

Eu tenho orgulho de ter sido o mestre de dramaturgia de Noemi Marinho. Espero que vocês leiam, entendam e montem estas peças que estão neste bom livro.

Chico de Assis

Em constante movimento

Quem se aventurar na leitura deste livro acredito que, a cada peça terminada, estará com um sorriso nos lábios e mais alguns amigos para poder conversar vez ou outra. Amigos-personagens sem nome como Fulaninha, Dona Coisa (*Fulaninha e Dona Coisa*, 1988) e Urbana (*Cor de Chá*, 2001) e também aqueles com nome e sem sobrenome como Zé, Zil, Linda, Bela, Valente, Melchior (*Homeless*, 1989) e Vilma (*Plantonista Vilma*, 1992). Nós conhecemos essas pessoas e podemos dar a elas nome e sobrenome; nossa experiência vai pintar suas cores e vamos adivinhar e completar as ações de cada uma delas. Para um autor, esse é um talento especial. Escrever de maneira a aproximar o leitor de seus personagens e, ao mesmo tempo, fazer com que todos eles resistam a tudo mantendo suas personalidades. Bons textos são assim. Crescem com o tempo e com os leitores.

Fulaninha e Dona Coisa, primeiro texto de Noemi Marinho, talvez seja o mais encenado. Foram cinco, dez, 15 Fulaninhas, 15 Donas Coisa, cada uma de um jeito e todas revelando uma situação política, social e interpessoal ainda hoje presente em nosso país. A situação de poder entre patroa e empregada, a competição de vontades e desejos entre duas mulheres, o encontro (às vezes trombada!) entre duas realidades distintas.

Já os personagens de *Homeless* são mendigos. Mendigos que, segundo a autora indica no início do texto, tornaram-se mendigos. Quem são e de onde vêm não sabemos e o texto não explica. Mas logo entendemos que são mendigos porque perderam suas referências e seu lugar no mundo. O texto foi encenado em 1991 com direção de Francisco Medeiros como parte do projeto *Maioridade de 68* e os personagens são um pouco órfãos da utopia socialista daquela época e da crença em um mundo melhor.

A plantonista Vilma trabalha como voluntária em um serviço de atendimento telefônico chamado *Você Não Está Só* e, além de confortar todo tipo de pessoas e atender às mais surpreendentes solicitações, ela acaba se revelando tão sozinha quanto todos os que procuram o serviço.

E em *Cor de Chá*, Urbana prepara a mesa para receber visitas enquanto se pergunta sobre as mudanças que ela percebe estar acontecendo nas relações, sobre as mudanças trazidas pelos avanços da tecnologia e pensa seu lugar nesse mundo e na família.

Como disse, nós conhecemos esses personagens; são brasileiros como nós.

E agora, é claro, vocês devem estar se perguntando o que aconteceu com aquele sorriso nos lábios que eu prometi ao final de cada peça. Pois aí é que vem o melhor. Porque mesmo com o conflito entre Fulaninha e Dona Coisa, mesmo sem lugar no mundo como os mendigos de *Homeless*, mesmo com a solidão da plantonista Vilma e com a estupefação de Urbana diante das mudanças do mundo, mesmo com tudo isso, cada um dos textos preserva uma ternura e um humor irresistíveis.

Com muita vontade e um pouco de ajuda – de um ouvinte, do destino, dos céus ou de si mesmo – todos os personagens se mantêm em movimento; vão todos ao encontro de seus sonhos e – por que não? – de suas realidades também. Depois de deixar a casa da patroa e ser abandonada e trapaceada pelo namorado, Fulaninha volta. E Dona Coisa, depois de procurar e procurar e procurar uma nova empregada, entende que aquela é a melhor empregada que ela pode ter. Zé, Zil, Linda, Valente e Bela decidem finalmente realizar o sonho de conhecer Paris e terminam a peça arrumando suas coisas para a tão desejada viagem sendo que, para isso, contam com a ajuda do (anjo) Melchior. Já a plantonista Vilma, depois de se desesperar e desabafar com uma desconhecida ao telefone – como se fosse ela mesma não a atendente, mas uma das pessoas que procuram o serviço –, acaba fazendo da desconhecida uma nova amiga. E, quanto a

Urbana, quando o interfone toca chamando-a para descer, ela imediatamente deixa a casa que havia tão cuidadosamente preparado para recebê-los e desce correndo ao encontro ... deles – sejam eles filhos, netos, amigos ou parentes, como o leitor ou espectador quiser.

Não bastasse tudo isso, a percepção aguda que Noemi Marinho tem de seus personagens se traduz em um diálogo ágil que surpreende o leitor-espectador pelas conclusões que sugere e, se não quisermos ser deixados para trás, nos obriga a acompanhar e participar ativamente de cada momento.

Não por acaso o personagem Zil declama uma poesia de Fernando Pessoa que começa dizendo *Viajar! Perder países! Ser outro constantemente...*

Assim são as peças e os personagens de Noemi Marinho: em constante movimento.

Marcia Abujamra

Este texto é dedicado
a Fauzi Arap e Chico de Assis

Noemi Marinho
verão de 1988

Fulaninha e Dona Coisa

Fulaninha & Dona Coisa

CENA 1

Fulaninha com uma trouxa pequena na mão.

FULANINHA

Sei, sim senhora.

D. COISA

Sabe passar?

FULANINHA

Sei, sim senhora.

D. COISA

Cozinhar?

FULANINHA

Sei, sim senhora.

D. COISA

Atender telefone?

FULANINHA

(Rindo sem jeito) Sei, não senhora. Lá em Torrãozinho não tinha nenhum, não senhora. Mas é só me mostrar o jeito uma vez que eu aprendo logo.

D. COISA

Escrever e ler você não sabe, não é?

FULANINHA

Sei, não senhora.

D. COISA

Mas, fazer troco, fazer conta, você sabe, não sabe?

FULANINHA

Ah, sei, sim senhora. Isso eu sei!

D. COISA

E você tem namorado?

FULANINHA

(Bem sem jeito) Tenho não senhora.

D. COISA

Mas, tem algum parente, alguém da família aqui em São Paulo?

FULANINHA

Não. Não tenho, não senhora. *(Choraminga)* Não tenho mais ninguém nesse mundo-de-meu-deus.

D. COISA

Ninguém?

FULANINHA

Ninguém, ninguém, não. Tenho minha tia que é benzedeira lá em Torrãozinho.

D. COISA

Então você não dorme fora?

FULANINHA

Fora?! *Drumo* aqui mesmo, não é assim?

D. COISA

Claro que você dorme aqui sim. Claro! É o seguinte: o serviço aqui é muito simples, não tem como errar. O que você não souber eu vou te ensinando aos poucos. Você vai ver como é fácil...

FULANINHA

(Repetindo sempre) É fácil sim, senhora...

D. COISA

Eu trabalho o dia inteiro fora. Só venho jantar...

FULANINHA

A senhora só vem jantar...

D. COISA

Durante o dia você arruma a casa, lava, passa, prepara o jantar, essas coisas...

FULANINHA

É... essas coisas...

D. COISA

Anota os recados... As compras grandes pra casa eu mesma faço.

FULANINHA

A senhora mesma faz, né...

D. COISA

Não abre a porta pra ninguém. Tá me entendendo? Ninguém. Se tiver que entrar alguém aqui, eu aviso antes. E, mesmo assim, você me peça os documentos.

FULANINHA

Tá. Eu peço os *dicumento* pra senhora...

D. COISA

Não. Pra mim não! Peça pra quem vier aqui. Pode deixar, eu aviso antes.

FULANINHA

A senhora avisa, né?

D. COISA

É muito perigoso. Não se pode abrir a porta pra qualquer um, só porque tocou a campainha.

Outra coisa: eu não gosto de rádio alto. Quero muita higiene: toda vez que entrar na cozinha quero que lave as mãos. Não quero ter que te lembrar disso. Deixa eu te mostrar onde você vai dormir. *(Reparando na trouxinha)* As suas coisas estão todas aí?

FULANINHA

Estão, né?

D. COISA

Se faltar alguma coisa, a gente vê depois... Vou te mostrar a área de serviço e as dependências de empregada.

FULANINHA

As *dipendência*, né?

D. COISA

O quarto é apertadinho, mas, também você não tem tanta coisa assim, não é mesmo?

FULANINHA

Não, tá bom, tá muito bem assim...

D. COISA

(Se desculpando) A máquina de costura está tirando um pouco do espaço... E tem umas caixas também. Eu preciso arranjar um lugar pra aquilo

tudo... A gente juntando... e depois... É que o apartamento não tem muitos armários, sabe?

FULANINHA

Não tem, né...

D. COISA

Deixa eu te mostrar o banheiro de serviço.

FULANINHA

Banheiro de quê?!

D. COISA

De serviço. É o banheiro que você vai usar. *(Entram-?-)* Aqui é o chuveiro. Você liga essa torneira: sai água quente. Se quiser água mais fria, você abre mais. Se quiser mais quente, você fecha assim... Você regula.

FULANINHA

Água quente?!

D. COISA

É. Quente. *(Voltam -?!)* É chuveiro elétrico. É só abrir a torneira que sai água quente.

FULANINHA

Mas, não é perigoso, não?

D. COISA

(Rindo da ingenuidade) Imagina, Fulaninha, perigo nenhum!

FULANINHA

A senhora é quem sabe... Se a senhora está dizendo...

D. COISA

Eu acho que por enquanto é isso. Ah, deixa eu te avisar outra coisa: não quero saber de namoro com porteiro e nem na portaria. Não quero amiga sua dentro de casa. Nem quero você de *short* ou de barriga de fora.

FULANINHA

Eu?! Botar a barriga pra fora?! Nem em pensamento, Dona Coisa!

CENA 2

Fulaninha está passando um pano para limpar o telefone. Ele toca. Ela se assusta.

FULANINHA

(Olhando ora para o telefone, ora para o pano) Desculpa, não foi por querer... Eu não sabia que ardia... *(Ele toca de novo, ela acode o telefone)* Tá tudo bem... Já passou. Também não foi tanto assim... Eu só passei um tiquinho. *(Pega no colo,*

o telefone sai do gancho e para de tocar) Viu: Pronto, pronto: passou... *(Ela ouve a voz que sai do aparelho e vai aproximando o ouvido do fone)* Quem tá falando aí dentro? *(Tempo)* Aqui? Aqui sou eu. Foi sem querer, eu não sabia que o varsol ia machucar. Desculpa, viu? *(Tempo)* De onde eu tô falando? *(Olha em volta)* Aqui, do lado da mesinha, perto da porta. *(Tempo)* Ué? Tá cantando? Peeeeeiiiiiinnnnnnnn. Que musiquinha mais besta! *(Para o telefone)* Ah, safadinho, cê já sarou! Tá mais é querendo fazer graça pra mim...
(Recoloca o telefone na mesinha)

CENA 3
Dona Coisa ao telefone.

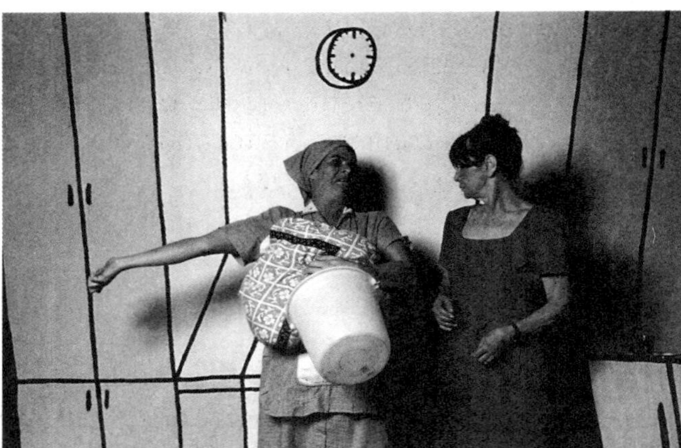

D. COISA

Pois é, menina... Arranjei sim, graças a Deus *(Tempo)* Não, não é exatamente uma governanta alemã. Mas, tem uma cara boa. É do interior, vivia no mato, a gente vai ensinando devagar. Tem que ter paciência...*(Tempo)*. Ah, isso é verdade. Ela vai ficando do jeito que a gente quer. Isso é, não deixa de ser uma vantagem. *(Tempo)* Eu tô torcendo pra dar certo. Vamos ver. *(Ouve)* O que tá me preocupando agora é que ela saiu e não me avisou. Ela nunca fez isso. Pra falar a verdade ele nunca sai... Eu nunca mandei ela fazer nada na rua justamente por isso: ela não conhece coisa nenhuma...*(Ouve)* Não, não deve ser nada... *(Ouve)* Não, ela deve estar aqui por perto... Imagina se ela é capaz de... *(Ouve)* Não acho que não... Você tá exagerando...*(Ouve mais um pouco e interrompe abrupta)* Vira essa boca pra lá! Não fica me assustando, menina. Eu tô calma. Não aconteceu nada. Para com isso! Que mania! *(Toca o interfone)* Ó, depois a gente conversa. Tá tocando o interfone. Depois te ligo, tá? *(Desliga)*

CENA 4

Dona Coisa ao interfone

D. COISA

Alô! É ela mesma. O senhor encontrou? *(Tempo)* Mas, ela não chegou aqui não. *(Tempo)* Claro que eu tenho certeza! O senhor botou no elevador? O senhor apertou o botão? *(Tempo)* Então eu não sei o que pode ter acontecido. *(Tempo)* *(como que tendo uma idéia)* Um momentinho, seu zelador! Não sai da linha. Um instantinho só! *(Dona Coisa sai, em um instante traz fulaninha que está carregando uma trouxa de roupa suja, sabão, um balde)*

FULANINHA

É aqui. Graças a Deus. Consegui. Graças a Deus.

D. COISA

Meu Deus, o que foi que aconteceu? Estou te procurando há horas. Onde foi que você se enfiou? Fica ai. Não se mexe. Já-já a gente conversa. *(No interfone)* Chegou, sim. É que ela teve um probleminha....um acidente de percurso. *(Tempo)* Na piscina?! *(Encara Fulaninha enquanto ouve o relatório do zelador)* Lavando roupa na piscina... Fazendo espuma... Claro, eu também acho muito desagradável...

FULANINHA

Não pensei que tinha outra serventia... Aquele mundo de água...

D. COISA

Sei, sei... Claro... O senhor tem toda razão... Claro, zelador é pra zelar...*(Ouve)* Sei... tinha roupa quarando no *play-ground*...É, vou ter uma conversa com ela...*(Tempo)* Pode deixar que eu explico sim. Claro... Evidente que não é para estender roupa na rede de vôlei. *(Ouve)* Não, de jeito nenhum: pode ficar descansado porque não acontece mais. *(Tempo)* Explico tudinho *(Tempo)* de todo o jeito, muito obrigada. Muito obrigada. *(Desliga e encara)* Que estória é essa?

FULANINHA

É como eu tava lhe dizendo. Não sabia que não podia usar o açude. Não podia adivinhar... Aí chegou um moço de farda que disse assim que não podia, não. Me tocou de lá e me "ponhô" no "alevador"...Apertou os botãozinho e disse que ia chegar aqui... Aí o "alevador" andou um pouquinho pra cima... Depois parou... Se a senhora não acode, nunca mais eu chegava... O moço não falou pra sair do "alevador"... Como é que eu ia adivinhar...

CENA 5

D. COISA

Como é que é?! *(Pausa)* Repete.

FULANINHA

É como eu lhe disse: ele falou assim que é pra senhora ligar pra ele antes de chegar por que não vai ter sessão, mas ele vai descolar.

D. COISA
Que estória mais doida é essa?

FULANINHA
Foi ele que falou... é pra ligar... descolar a sessão... é pra ligar antes de chegar, né?

D. COISA
Mas, foi o Reinaldo ou o Laércio que ligou?

FULANINHA
É. Foi. Foi esse mesmo.

D. COISA

Qual deles?

FULANINHA
Esse aí que a senhora falou agora. Foi ele que falou que é pra descolar.

D. COISA
Tá. Tá. Deixa. Me dá o número do telefone pra ver se eu consigo decifrar esse recado que sabe-se lá quem deixou prá mim... *(Fulaninha traz um pedaço de papel)* Não é possível! Dois - oito -dois - oito - quatro - zero - zero - dois - oito - zero - dois - zero. Será que você não anotou a data junto? Doze algarismos? Esse telefone não existe! Pelo menos você não misturou nenhuma letra: só anotou números...

FULANINHA

Mas, foi ele que mandou escrever esses números. Ele ia falando e eu ia escrevendo. Ele falava mais número, eu escrevia mais número... Eu não ia inventar número, Dona Coisa!

D. COISA

Não é isso. Ele devia ditar o telefone, depois ele repetia, pra ver se você tinha anotado. Não era pra você continuar anotando, criatura! Deus queira que não seja caso de vida ou morte, porque senão acabamos de matar alguém. Alguém, que infelizmente, ainda não sabemos quem seja.

FULANINHA

Eu não tenho nada com isso. Só tô dando o recado do jeito que ele mandou. Ele não falou nada de matar ninguém, não Deus me livre!

D. COISA

Mais nenhum recado?

FULANINHA

O *seu* bip ligou duas vezes.

D. COISA

Que bip? Eu nem tenho bip!

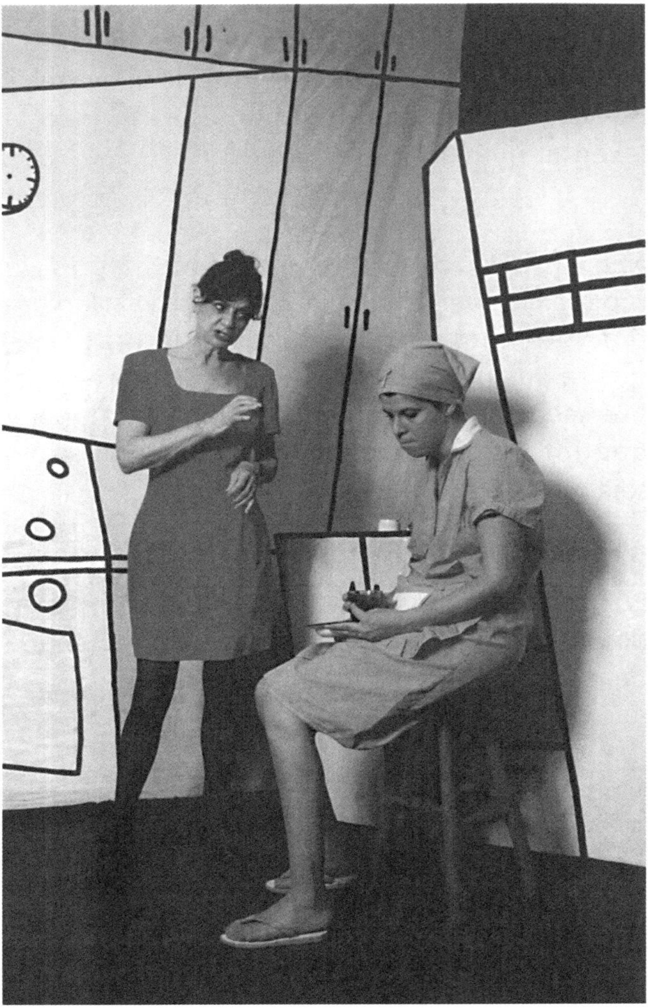

FULANINHA

Mas, ele falou assim que era pra senhora ligar pra ele. Ele falou, eu tenho certeza : pra senhora ligar pro bip. Eu até achei esquisito porque depois ligou uma mulher fingindo que era ele. Ela falava que era o seu bip. Queria que a senhora ligasse pro bip. Primeiro ele falou que era José Roberto, depois falou que era o bip. Depois a mulher ligou falando assim que era pra ligar pro seu bip também...Acho melhor a senhora ligar logo...

CENA DE TELEVISÃO

CENA 1 (TV)

FULANINHA

Ela tá pensando ou tá acontecendo?

D. COISA

Ela tá pensando.

FULANINHA

Era bom se era verdade, não era?

D. COISA

Fica quieta. Que tormento!

FULANINHA

(Pausa) Acabou?

D. COISA
Não, criatura. Ainda tem um pedaço! Silêncio

FULANINHA
Ela tá pensando ou já tá acontecendo?

D. COISA
Tá acontecendo.

FULANINHA
Eles tão se beijando de verdade!?

D. COISA
Você não tá vendo?

FULANINHA
Mas, a senhora mesma não falou que não é de verdade? Que é fingimento, que não acontece de verdade.

D. COISA
É mais ou menos isso.

FULANINHA
E tão se beijando de fingimento ou de verdade agora?

D. COISA
Ah... Estão se beijando de beijar. Como é que vão se beijar de fingimento, me diz!

FULANINHA

E eu é que vou saber? *(Pausa)* Quando deram o tiro no Paulo Sérgio ele apareceu mortinho na frente da gente e a senhora diz que é fingimento, que é tudo combinado: que é tiro de mentira, sangue de mentira. *(Pausa)* Deve de tá beijando de fingimento. Só pode!

CENA 6

Toca a campainha, Fulaninha paralisada, nem pisca. Campainha insiste.

FULANINHA

(Gritando) Não está ouvindo que não tem ninguém?

VOZ

E quem é que está falando?

FULANINHA

Ninguém. *(Tempo)* É a empregada.

VOZ

Tudo bem. Aqui também não é grande coisa. É a Telesp. *(Longuissímo silêncio)*

VOZ

(Impaciente) Então? Como é que é?

FULANINHA

Como é que é o quê?

VOZ

Não vai abrir?

FULANINHA

Eu não! Por que *havera* de abrir?

VOZ

(Irritado) Minha filha, eu **tenho** que entrar. A sua patroa me chamou pra consertar o aparelho. *(Com calma, explicando)* se ela não tivesse me chamado, eu **não** teria vindo até aqui. *(Tempo)* Certo?

FULANINHA

(Acompanhando o raciocínio) Ah, isso é verdade. **Se** ela não tivesse chamado o senhor, como o senhor ia saber que ela morava aqui? *(Concluindo) Eu vou abrir! (Interrompendo o movimento)* Peraí! Calminha! E os *dicumento*? Hein, e os *dicumento*?

VOZ

Que documento?

FULANINHA

Ah, não. Nã nã nã nã não. Sem *dicumento* ela falou que não pode entrar. De jeito nenhum.

VOZ

Eu vou passar por baixo da porta, então;

FULANINHA

O senhor vai passar por debaixo da porta? *(Em pânico, tenta impedir com a vassoura)*

VOZ

Não, meu bem, não. Eu vou passar o crachá.

FULANINHA

(Pega o crachá) Esse retrato aqui é do senhor, é? *(Tempo)* E o que é que tá escrito aqui nas letrinhas?

VOZ

O que é que está escrito!? *(Tempo)* Tá escrito que se sua patroa souber que eu vim até aqui e você não me deixou entrar...Eu nem sei o que ela vai fazer com você!

FULANINHA

Calminha! Calminha! Eu já vou abrir. *(Abre a porta para o técnico)*

TÉCNICO

Até que enfim! Que canseira, hein?

FULANINHA

O senhor quer sentar um pouco?

TÉCNICO

Não, tudo bem. Onde é que está o aparelho?

FULANINHA

Tá vendo? Eu tô dizendo pro senhor: melhor o senhor vir aqui quando tem gente em casa, ninguém deixou nenhum aparelho comigo. Eu avisei pro senhor...

TÉCNICO

O telefone! Eu quero o telefone, minha filha!

FULANINHA

(Olhando pro telefone) O telefone? Tá ali, ué! *(O técnico começa a checar o telefone)* O senhor vai telefonar, é? *(Ele começa a desmontar o aparelho)* Não, senhor! Isso não! Não vai quebrar ele não! Pelo amor de Deus... Por caridade, o senhor não me faz essa desgraça...

TÉCNICO

Calma, minha filha vai acabar tudo bem. Deixa comigo, ele vai ficar bom: eu to só consertando.

FULANINHA

(Choramingando) Danou-se tudo! Ela adora ele... Ela vai achar que fui eu que estraguei, porque eu não gosto dele...Eu já tava até pegando amor nesse "coisa ruim"...

TÉCNICO

(Consertando) Eu vou só aparafusar uma pecinha aqui e pronto.

FULANINHA

(Controlando o choro) Eu não sei não...Por que é que eu fui deixar o senhor entrar?...Heim?... Porque, meu Deus?...Já que o senhor entrou é melhor o senhor esperar ela chegar pra explicar que não fui eu... Eu não ia fazer isso com ele... Deus tá vendo... Uma judiação dessa...

TÉCNICO

(Tentando acalma-la) Não precisa se preocupar. *(Tempo)* Por que é que em vez de ficar aqui, sofrendo à toa, você não me traz esse cafezinho você acabou de passar aí na cozinha, heim?

FULANINHA

Cafezinho? Pro senhor, né? Trago já. *(Fulaninha sai e é observada e medida pelo técnico)*

FULANINHA

(Com a xicrinha na bandeja) O café!

TÉCNICO

Obrigado! *(Puxando assunto)* Tá mais calma, tá?

FULANINHA

Mais ou menos. O senhor tá dizendo que é assim mesmo...

TÉCNICO

Você não trabalha aqui há muito tempo, né?

FULANINHA

Até que não.

TÉCNICO

Tão bonitinha, você deve ter namorado, não tem não?

FULANINHA

(Prosa) Que é isso? Não tenho não, moço.

TÉCNICO

Se não tem é porque não quer.

FULANINHA

Querer, eu quero. *(Tempo)* Quem é que não quer? *(Riem. O técnico termina o seu café e coloca a xicrinha na bandeja que ela ainda estava segurando. Ele volta pra terminar o conserto)* *(Silêncio)*

FULANINHA

E então?

TÉCNICO
Tá dando linha.

FULANINHA
(Repetindo sem entender direito) Dando linha, né...

TÉCNICO
Como novo. Tá perfeito.

FULANINHA
Graças a Deus! *(Pausa)* Então, né?

TÉCNICO
Tá pronto. Então, eu já vou indo

FULANINHA
(Estranhando) Já!? *(Pausa embaraçosa)*. Mas, o que *qui* é isso?! O senhor nem bem chegou já tá indo embora... *(Pausa)* Mais um cafezinho? Heim?

TÉCNICO
Não, muito obrigado. Não precisa se incomodar. Eu acabei de tomar.

FULANINHA
(Com cuidado) O senhor não tá esquecendo nada?

TÉCNICO
(Mostra a maleta de ferramentas e olha em volta) Não, meu bem tá tudo aqui. Até outra hora, então.

FULANINHA

(Com esperança) Outra hora?

TÉCNICO

Outra hora, outro dia. Modo de dizer.

FULANINHA

Ah... *(Tempo)* E aquilo lá?

TÉCNICO

Aquilo lá o quê?

FULANINHA

Aquilo lá... Aquilo lá que você falou.

TÉCNICO

Que eu falei?

FULANINHA

(Decidida) Você **vai** ou **não vai** querer **namorar** comigo?

CENA 7

D. COISA

Tem recado?
(Silêncio)

FULANINHA

Tê tem, né? Vamos lá! Coragem. *(Pausa)* Olha, se a senhora quer mesmo saber, não tem recado porque a senhora não deixou dinheiro pro recado.

D. COISA

Que dinheiro?! *(Tempo)* Você tá abusando, porque eu estou calma. Vai, devagar, me explica com calma. Tudo de novo. Qual é o recado?

FULANINHA

É como eu lhe disse. Eu não tinha dinheiro. Nenhum, nem do meu. Eu nem sabia quanto era.

D. COISA

(Tentando manter a calma) Vamos do começo: Tocou o telefone, você atendeu, não foi?

FULANINHA

Foi assim mesmo, Desse jeitinho que a senhora falou. Parece que eu tô vendo.

D. COISA

E aí?

FULANINHA

Aí a mulher falou assim: *Não sei o que lá, não sei o que lá... se a senhora não quiser pagar, desliga o telefone.*

D. COISA

E...?

FULANINHA

Aí falou um homem: *Miguel, do Rio de Janeiro.*

D. COISA

E você?

FULANINHA

Ah, eu desliguei na horinha! Ia pagar com o quê?

D. COISA

O Miguel? Do Rio? Não é possível!... E não deixou um número, uma pista, nada? Ahhh.... eu não mereço... Tô há semanas esperando ele me ligar... Agora, nunca mais...!

FULANINHA

(Depois de um tempo) Mas, ele ligou de novo.

D. COISA

(Ansiosa) E o que foi que ele disse?

FULANINHA

Desliguei de novo! Desliguei a tarde toda, o que é que eu ia fazer, ué?

CENA 8
Fulaninha sentada num banquinho de cozinha com um prato de comida no colo e um copo de limonada na mão. Almoça.

D. COISA
(Entrando e flagrando *a limonada)* Muito bonito, heim, dona Fulaninha! Tomando limonada!

FULANINHA
(Sem graça, depois de uma pausa) Senhora?

D. COISA
Não se faça de desentendida. Eu não estou pra brincadeira. Estou achando essa situação muito desagradável!

FULANINHA
(De cabeça baixa) Não sabia que a senhora ia achar ruim comigo de eu...

D. COISA
(Interrompendo) Não mistura as coisas, não. Você é bem esperta pra entender o que te interessa. É claro que eu não estou te proibindo de tomar limonada! Evidente que não é isso! *(Didática)* Escuta, me diz uma coisa, você acha certo servir o almoço, não servir nem um suco, nem uma água, nada, e quando eu chego aqui te vejo tomando limonada? Me diz, tá certo?

FULANINHA

Eu não sabia que a senhora ia querer.

D. COISA

Como *eu não sabia*? Por acaso você acha que eu não tenho sede? Acha que eu não gosto de limonada? Só você? *(Pausa)* Responde!

FULANINHA

Eu? Eu gosto de limonada, sim senhora.

D. COISA

Ah, é? E eu?

FULANINHA

A senhora também, né?

D. COISA

Justamente!

FULANINHA

É que só tinha um limão.

D. COISA

(Desconsertada) Contando ninguém acredita... *só tinha um limão*.

FULANINHA

É verdade. *(Tempo)* O que a senhora queria que eu fizesse?

D. COISA

(Confusa) O que eu queria que você fizesse?... Ah! não é possível!

FULANINHA

(Caindo em si) Tá certo, dona Coisa, da outra vez eu boto mais água e nós duas toma. Eu não sabia que a senhora gostava tanto de limonada... *(Tempo)* É que eu também gosto muito, sabe... Sempre gostei... Mas, também, não precisa brigar. Não precisa ficar nervosa à toa, por um nadinha... Não carece ficar brava comigo.

D. COISA

(Com calma) Eu não estou brava. Eu estou só te mostrando que você não está agindo direito. Você podia ter mais consideração comigo. Eu não devia precisar pedir...

FULANINHA

Mas, é muito mais fácil quando a senhora pede com a boca. Eu não preciso adivinhar. È só pedir com a boca. Depois eu erro, a senhora vira um bicho comigo!

D. COISA

Eu não viro bicho coisa nenhuma!

FULANINHA

Vira, sim.

D. COISA

(Irritada) Viro, nada!

FULANINHA

A senhora tá esquecendo aquele dia dos *puto*? Esqueceu? Eu pensei que a senhora ia me comer viva. *(Pausa)* Só porque eu pedi uns *puto* pra comprar a cerveja lá dos seus amigo.

D. COISA

(Indignada) E você queria o quê? Que eu achasse bonito?

FULANINHA

Ah, não sei... A senhora vive dizendo que não tem um puto e é bonito. Quando é eu que pede o puto fica feio?

D. COISA

Não fica esticando a conversa, não. Você entendeu muito bem! Eu tinha toda razão.

FULANINHA

Não vai ficar brava de novo, dona Coisa! Isso é *nervos*. Se a senhora quiser pode tomar a limonada. Eu não tomei nem metade. *(Tempo)* Pode tomar.

D. COISA

Tudo bem. Não precisa.

FULANINHA

Pode tomar, dona Coisa. Eu não ligo, não.

D. COISA

(Mais embaraçada) Não, deixa...

FULANINHA

Que é isso, deixa de fita! A senhora tá com vontade... Dá um golinho, só pra matar a lombriga... *(Tempo)* Eu não tenho nojo, não.

D. COISA

(Cortando a situação constrangedora) Deixa. Pára com isso. Eu não quero! Olha, eu vou sair. Volto lá pelas cinco. Me faz um favor: recado, anota *(significativa)*. Eu não estou engolindo essa estória de *ninguém nunca* querer deixar recado com você. *Todos* preferem ligar depois, quando eu estiver em casa. *(D. Coisa sai)*

CENA 9

D. COISA

Mas, pra quê? Você não tem mesmo pra onde ir. Não conhece ninguém. Vai sair por aí sozinha, vai acabar se perdendo.

FULANINHA

É, mas todas têm. Ela disse que empregada também tem folga. Não precisa trabalhar todo dia.

Tem um que folga. Foi ela que disse. Eu entendi muito bem.

D. COISA

Ela, ela... Lá vem você... Não se pode acreditar em tudo que se ouve na televisão.

FULANINHA

Então a senhora tá dizendo que ela não falou a verdade?

D. COISA

Eu não disse isso. Não é bem assim... Mas, se você faz tanta questão... A gente com o tempo pode ver isso aí. Afinal de contas você nem trabalha tanto no domingo: não se janta mesmo!

FULANINHA

Mas, ela disse que tem um que folga.

D. COISA

Tudo bem. Eu não estava te dando folga porque eu achava que você não ia querer sair mesmo, que você se sentia tão bem aqui, que era a sua casa...

FULANINHA

Mas, que folga, folga!

D. COISA

Por mim, eu acho ótimo também. Pelo menos um dia da semana eu descanso de você.

FULANINHA

Folgo ou não folgo?

D. COISA

O que eu não pensei foi que você tivesse tanta vontade de se livrar de mim. Juro. Eu não imaginava.

FULANINHA

(Tempo) Então domingo eu folgo?

D. COISA

Folga, criatura, folga!

CENA 10

TÉCNICO

Não te levo mais no cinema! Que vergonha! Me dá vontade de amarrar a boca!

FULANINHA

Ah, eu grito mesmo. Me vem uma coisa assim que parece que vai me sufocar. Parece que é a mão do Cão que está me apertando a garganta... Eu gosto, juro. Mas, parece que não sou eu. Eu tenho que gritar. Aì eu grito e passa.

TÉCNICO

Mas, você não deixa nem eu *relar* a mão em você! Não dá pra encostar... Quando está bem-bom, eu penso que você está gostando, toda dengosinha... Pronto! Me dá aquele grito de alma penada: Uuuhh...Uuuhh....

FULANINHA

Não é por querer. No começo até que eu gosto, mas, depois eu sinto aquela coisa que vem vindo, vem vindo, vem vindo... Aí, não tem jeito, eu grito mesmo, desculpa. É mais forte que eu.

TÉCNICO

Eu não sei como vai ser... Palavra que não sei. Como é que pode? Olha que, modéstia à parte, eu conheço mulher. Já vi muita coisa. Mas, isso de gritar **antes** eu nunca vi.

FULANINHA

O que é que você quer que eu faço? Eu tô achando que com o tempo passa. Deixa eu acostumar com a coisa. Quem sabe?

TÉCNICO

É...Não sei, não... Vai ver, você é *média* e tem que desenvolver...

FULANINHA

É nada! Eu sou boa. Não inventa!

TÉCNICO

Não sei, não... No começo, pelo menos acho que a gente não devia ir em lugar com muita gente. Me dá vergonha, cê entende?

FULANINHA

Eu vou fazer uma trezena pra Santo Antônio do Catigeró. Ele não há de me faltar, cê vai ver só. Ele é poderoso!

CENA 11

FULANINHA

(Passando a ferro) A senhora fala assim comigo por que sabe que eu sou *órfão*. Pensa que é bom ser *órfão*? Pensa?

D. COISA

É ór**fã.** Não é *órfão*.

FULANINHA

Sou sim! Sou *órfão*. Como não sou?

D. COISA

Não tem nada a ver uma coisa com a outra, Fulaninha. O que me enche a paciência é que você só se lembra de como é triste ser órfã, quando eu estou chamando a sua atenção.

FULANINHA

Mas, eu sou. Que é que eu vou fazer? Eu não queria ser... mas eu sou.

D. COISA

Você, por acaso, está querendo me convencer que se você não fosse órfã, o meu melão ainda estaria na geladeira agora?

FULANINHA

Quem sabe é Deus. Como é que eu vou saber se minha mãezinha estivesse viva a senhora é que ia comer o melão?

D. COISA

Pára com isso. Não se faça de sonsa! Vai querer me dizer que você não sabia que era o melão do meu regime? E agora? O que é que eu vou comer? Não tem nada em casa com menos de 100 calorias. Me diz, o que é que eu faço?

FULANINHA

Tem banana, come banana com pão.

D. COISA

Quer que eu vire uma baleia, é? Tá cansada de saber que eu não posso comer banana.

FULANINHA

É. Eu sei... A senhora não pode comer banana e eu não posso comer melão.

D. COISA

Presta atenção nesse ferro, que você ainda acaba me estragando a roupa...

FULANINHA

Não tem perigo, eu já estou quase acabando...

Dona coisa pega um livro e senta por ali mesmo. Fulaninha terminando o serviço.

FULANINHA

(Puxando assunto) Dona Coisa, eu queria que a senhora me explicasse uma coisinha que eu não tô conseguindo entender sozinha. *(Tempo)* Querência dá fome?

D. COISA

(Estranhando) Querência dá fome?

FULANINHA

É. Hoje, quando eu liguei ela...

D. COISA

Ligou pra quem?

FULANINHA

Liguei ela, a televisão, ela tava dizendo assim que as pessoas engordam por querência. Elas sentem uma querência e então elas comem muito... até passar a querência.

D.COISA

Não, meu bem, não é querência. É CARÊNCIA. Carência é assim como... Por exemplo... Quer dizer... Quando uma pessoa não tem carinho... quando ela se casa muito cedo... com uma pessoa que não é o que ela esperava... quando ela não pertence mais à antiga família e não acredita que tenha formado uma nova família... ela não sabe mais a qual família pertence... e apesar de tudo quer ser amada, quer pertencer a alguém.... a alguma pessoa.... E ela vai se distanciando de todos ao mesmo tempo em que ela quer que todos se aproximem dela... que alguém tome cuidado com ela.. que alguém a salve... a proteja...*(Voltando a sí; depois da sessão terapêutica instântanea)* Então....Carente!

FULANINHA

Essa pessoa queria comer e não sabia?

D. COISA

Não. Não é isso. Quando uma pessoa está carente, é por que ela sente falta de alguma coisa. Está carente dessa alguma coisa. Ela tem carência daquilo.

FULANINHA

E isso engorda?

D. COISA

Presta atenção. A mulher da televisão devia estar querendo dizer que quando alguém está sentindo falta de carinho, por exemplo, – já que não pode ter carinho –, ela come.

FULANINHA

(Pensativa) Que triste, heim, dona Coisa! *(Tempo)* Já pensou se eu tinha um ataque de querência? Aqui. Agora. Bem na frente da senhora? Heim? *(Tempo)* A senhora até ia ficar com remorso do melão, não ia? Eu, *órfão*, com querência recolhida, bem na sua casa, bem no meio da sua sala... A senhora até dava um carinho pra mim, não dava.

CENA DE TELEVISÃO

CENA 2

FULANINHA

A senhora não vai sair?

D. COISA

Não.

FULANINHA

Não? *(Pausa)* Por quê?

D. COISA
Por quê?! Não vou sair porque não vou sair. Que conversa é essa?

FULANINHA
(Pausa) Mas, a senhora saiu *onte*, saiu antes de *onte*...

D. COISA
Saí. Qual é o problema?

FULANINHA
Saiu quase a semana toda... Eu pensei...

D. COISA
Pensou o quê?

FULANINHA
Nada, ué? Não pensei nada. Ia pensar o quê? *(Silêncio)*

FULANINHA
Já que a senhora vai ficar em casa mesmo...Não precisa de mim... Tá me dando uma dor de cabeça... um calor...Acho que vou dar uma descidinha... Tomar um pouquinho de ar... A senhora não vai se importar, não é? É só um instantinho. Já-já eu tô de volta. Só vou dar uma arejadinha nos pensamento....

CENA 12

Fulaninha e o técnico agarrados em algum canto, técnico de costas e fulaninha de frente pra a platéia. Fulaninha ainda dá alguns gritinhos de alma penada. Uns mais baixos, outros mais altos. Técnico se afasta um pouco.

FULANINHA

Ah, vai! Eu já tô bem melhor. Você é que não tá tendo paciência comigo... Eu tô quase boa, não tô?

TÉCNICO

Você acha? Eu só tô pensando em como é que vai ser...

FULANINHA

Aquilo? *(Decidida)* Vai ser quando você quiser.

TÉCNICO

Certeza?

FULANINHA

Mas, você vai ter que me prometer uma coisa,

TÉCNICO

Qualquer coisa, minha flor.

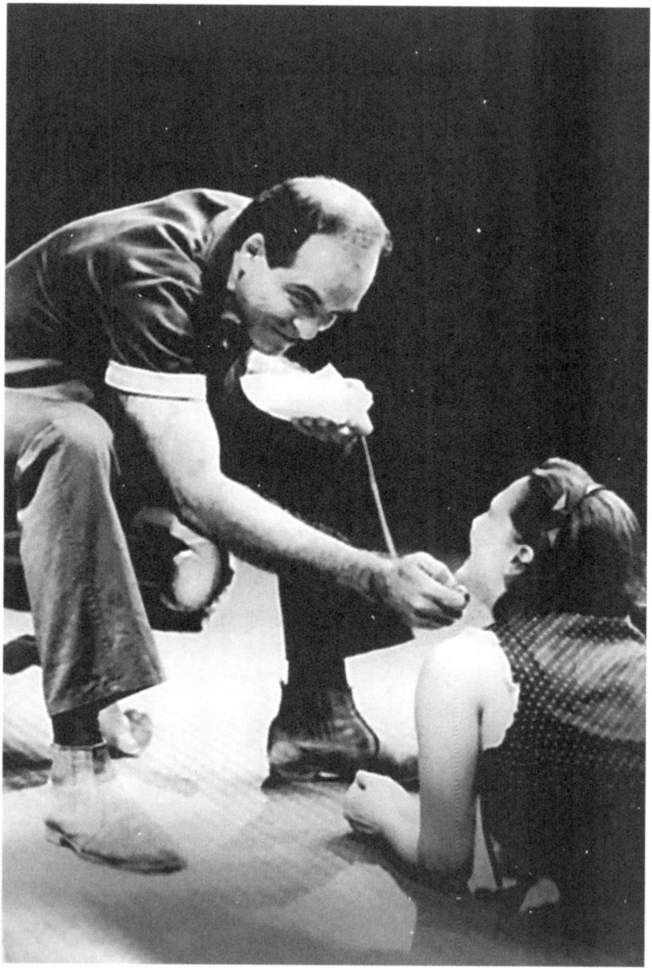

FULANINHA

Eu vou dar uma prova do meu amor, mas, você promete que não vai amarrar a minha boca, tá? Tem que prometer!

TÉCNICO

Prometo. Claro que eu prometo. Eu sabia que você ia acabar confiando em mim, sabia.

FULANINHA

É, mas eu não quero que você conte pra ninguém. Ninguém. Eu não quero ficar falada. Até hoje ninguém tem um *isso* pra falar de mim. Não vai você agora me botar na boca do povo.

TÉCNICO

De jeito - maneira! Por mim ninguém nunca vai saber. Pode deixar. *(Vai agarrando fulaninha)* Você não vai se arrepender...

FULANINHA

Tomare... Tomare!

CENA 13

FULANINHA

É uma colega minha que me contou esse caso...

D. COISA

Sua amiga, é? *(Tempo)* Sua amiga dá uns gritinhos?

FULANINHA

É como eu tô lhe dizendo: só que ela só dá esses gritinhos quando está com o namorado. *(Tempo)* O namorado dela lá. O que a senhora acha?

D. COISA

Como o que eu acho? Eu não acho nada.

FULANINHA

Assim, se a senhora tivesse que dar um conselho pra essa minha colega, o que a senhora falava?

D. COISA

Ah, não sei. Eu acho que deve ser mais um problema de formação, de educação...

FULANINHA

Mas, *ela* é muito educadinha... Eu acho *ela* muito educada, muito limpinha...

D. COISA

Pode ser que essa sua amiga tenha sido reprimida quando criança, não deve ter convivido com pessoas do outro sexo...

FULANINHA

Que sexo? Como assim... sexo?

D. COISA

Ela deve ter ouvido estórias que a impressionaram... alguma coisa deve ter ficado registrada no seu subconsciente. Alguma vivência desagradável... sei lá.

FULANINHA

É... desagradável, é *(Tempo)* Mas, a senhora acha assim que tem cura? Que ela vai poder casar, que ela fica boa?

D. COISA

Que conversa! Cada um é de um jeito... Bom se ela encontrar alguém que ela goste muito, que confie mesmo, eu acho que ela deve procurar encontrar uma solução junto com essas pessoas... eles devem estar bem relaxados, devem procurar deixar o ambiente agradável... Ter certeza de que não vão ser perturbados por ninguém. Eles devem estar bem à vontade... Sem nenhuma preocupação. *(Se tocando)* Ai, Fulaninha, você me deixa aqui falando essas coisas... Que conversa besta...Vamos cuidar da vida que é melhor!

CENA DE TELEVISÃO

CENA 3 (TV)

FULANINHA

(Decepcionada) Jornal de novo? *(Pausa)* A senhora não gostava de ver a novela de outro canal? Tem novela no outro canal também. A senhora sabia? *(Pausa)* Jornal, eu não gosto muito.... Agora eu já tô mais acostumada. Mas, no começo, eu ouvia esse tal de jornal e morria de medo. Essa voz grossona metendo medo na gente... Parecia que o mundo tava se acabando... Que não ia sobrar nada... Que no dia seguinte eu ia acordar e não ia ter mais mundo pra ninguém viver.... Eu tinha até pesadelo! Mas, agora eu sei. A gente pensa que é verdade só na hora. Depois a gente vê que é só pensamento... Que nem os da moça da novela.... Não muda nada... Foi só pensamento o jornal....

CENA 14

Dona Coisa está grogue, meio descomposta, parece ter chegado da rua, canta, fala coisas desconexas. Fulaninha, que está começando o dia, com vassoura, balde, material de limpeza, está entrando.

FULANINHA

(Assustada) Dona Coisa do céu! A senhora não chegou?

D. COISA

(Grogue) Como não cheguei? *(Duvidando de si mesma)* Como? Eu não estou aqui ainda? Onde é que eu fiquei? Alguém pode me dizer?

FULANINHA

Pára com isso, dona Coisa! Parece eu! Eu tô dizendo que a senhora não chegou ontem. Tá chegando agora.

D. COISA

O importante é chegar. Não importa quando. Não importa onde.

FULANINHA

A senhora não quer ir deitar?

D. COISA

Eu estou ótima! Nunca estive tão bem. Queria estar assim sempre. Eu estou sentindo tanto amor em mim. As pessoas deviam viver sempre assim. Eu estou amando todas as pessoas do mundo, tá me entendendo?

FULANINHA

Que bonito, D. Coisa, que bonito. Só que eu tô achando que a senhora bem que podia deixar esse amor todo pra amanhã. A senhora não tá em condição...

D. COISA

(Prosseguindo na filosofia de bêbado) Eu acho que as pessoas deviam falar tudo que vai dentro do coração. Eu, por exemplo,.... Eu gosto de você.... Você é minha amiga!... É. É minha amiga, sim. Vem, vem me dar um abraço, minha amiga!

FULANINHA

(Abraçando, dando uns tapinhas nas costas, bem sem jeito) Deixa disso, dona Coisa! Também não é o caso pra tanto alarde. *(Dona coisa começa a choramingar)* Que é isso, dona Coisa? Amanhã é outro dia. *(Procurando frases de consolo, enquanto o choro aumenta e o abraço fica mais pegajoso)* Nada como um dia atrás do outro... A esperança... A senhora vai ver... A esperança nunca... A esperança é... A senhora vai ver... A esperança... Sempre, sempre... Sempre alcança?... A esperança é...

D. COISA

A esperança é a última que morre!

FULANINHA

(Aliviada) É! È isso!

D. COISA

(Mudando a marcha) Você! Você, é essa pessoa que vive sob o mesmo teto que eu, e eu nem sei, de verdade, quem é.

FULANINHA

(Assustada) D. Coisa, pelo amor de Deus! Olha pra mim! A senhora tá falando comigo. Lembra? A empregada?

D. COISA

Você faz a minha comida, cuida da minha casa, de mim...

FULANINHA

Lembrou, né? *(Tempo)* Então, né? Sou eu.

D. COISA

E o que a gente sabe uma da outra, afinal?

FULANINHA

Ah, muitas coisa, né?

D. COISA

A gente precisava se conhecer.

FULANINHA

De novo?!

D. COISA

Quem é você? Quem sou eu? Quem são essas duas mulheres, afinal?

FULANINHA

A senhora esqueceu de novo? *(Tentando ajudar)* Eu sou a Fulaninha, aquela uma que trabalha na sua casa, que ganha pouco e trabalha muito. *(Tempo)* A senhora é aquela outra que trabalha no escritório. A senhora também diz que ganha pouco. Já tá lembrando mais ou menos agora?

D. COISA

As pessoas só pensam em trabalhar. Elas precisavam se conhecer, se olhar, se respeitar.

FULANINHA

(Desconfiada) A senhora tem certeza que não está de brincadeira comigo? *(Pausa)* A senhora tá mais é mangando de eu... Ó...

D. COISA

Eu quero te conhecer. Quero saber quem é você. De verdade.

FULANINHA

Essa conversa já tá ficando meia sem assunto, meia sem graça, a senhora não acha, não? *(Tempo)* Acho que a senhora ganhava mais indo pra cama. Travesseiro é bom conselheiro.... A senhora acordando vai lembrar de mim...

D. COISA

Me fala de você.

FULANINHA

Falar o quê? Ah, eu não sei falar direito. A senhora mesma vive dizendo que eu não sei falar...

D. COISA

O que você espera da sua vida? Eu quero saber. Fala disso. Do que você sonha, do que você deseja, do que você quer pra....

FULANINHA

Ah, que sem graceza... Não quero nada, não senhora. *(Pausa)* Queria falar assim, assim que nem a senhora fala.

D. COISA

(Tempo) Que nem eu?

FULANINHA

Não, mole assim, não. Queria falar e saber o que tá falando. Do jeito da senhora. Mas, eu não sei ser outra coisa. *(Tempo)* Eu não tô me queixando, não. Eu tô só falando. Parece que se abriu uma torneirinha aqui dentro que vai soltando as palavras. Eu só faço repetir elas. Uma atrás da outra. *(Pausa)* Às vezes, sabe, eu fico achando que eu não sou gente. É assim: antes eu tinha certeza que eu era gente. Podia até jurar. Agora, eu já não sei. Fico cismada, não tenho mais certeza... Parece que a vida não é bem pra mim, é mais pros outros. Eu queria tanta coisa... Mas, eu tô sempre fazendo a coisa errada, do jeito errado, na hora errada. Mas, eu tenho vontade, muita vontade de acertar o passo. Sempre me diziam que eu era esperta, aguda. Por que é então que eu me atrapalho tanto? *(Pausa)* Cada vez que eu me lembro que suava frio sempre que tocava o telefone... Eu tinha medo de telefone, de campainha, de elevador, de chuveiro elétrico até...! Mas, eu tô aprendendo. Mas, ainda me dá uma raiva a senhora me achar burra! Sabia, dona Coisa? Ô, dona Coisa... *(Dona coisa dorme a sono solto)*.

CENA 15

FULANINHA

A senhora então fica de sábado pra domingo lá?

D. COISA

Domingo à noite eu tô de volta!

FULANINHA

(Decidida, depois de uma pausa) Por quê a senhora não volta com ele?

D. COISA

O Miguel não vem para São Paulo só pra me trazer até em casa, e depois voltar pro Rio, não é, Fulaninha? Pensa um pouco. *(Tempo)* Vê se tem cabimento os palpites que você dá...

FULANINHA

(Não se dando por achada) A senhora gosta mesmo dele... todo mundo vê... A senhora devia voltar com ele! Eu acho!

D. COISA

(Dando conta do mal-entendido) Voltar??? Você tá querendo dizer, ou melhor, você está sugerindo que a gente devia voltar a morar junto? É isso? *(Tempo)* Eu não acredito...

FULANINHA

A senhora ia gostar, não ia?

D. COISA

Agora vai me dar conselhos, é? Que intimidades são essas? Desde quando...

FULANINHA

Eu não entendo... A senhora casa com ele, desmancha, mas tá sempre esperando ele telefonar, aparecer. Passa fim de semana na casa dele... Desmanchou o casamento pra quê? Pra começar o namoro? Pra andar pra trás?

D. COISA

Não é nada disso. Você não entende. *(Pausa)* Nem pode entender. É diferente... Eu tenho a minha vida... ele tem a dele... É amizade, uma espécie de amizade...

FULANINHA

Traz ele pra ficar com a senhora. Eu acho até bom ter um homem em casa. E, a senhora sabe, onde come dois, come três... A senhora ia ficar mais calma, não ia ficar mais sozinha, pensando em *onde será que ele está agora... (Tempo)* A senhora já casou com ele. A senhora devia de gostar muito dele pra casar com ele. *(Tempo)* Então? É tão bonito a mulher com o marido... Traz ele, vai!

D. COISA

Fulaninha, eu não sei onde eu tô com a cabeça que eu fico dando ouvidos pra essa conversa mais sem sentido. Não vai dar pra você entender. *(Saindo)* Bom, então até a volta! Eu tô indo! *(Voltando mais uma vez ao assunto)* Imagina... Nem passa pela minha cabeça uma idéia dessa: Eu e o Miguel... *(Sai)*.

FULANINHA

(significativa) Pois, sim!

CENA 16

Técnico está na sala comendo um provável melão, ele está refestelado na sala. Fulaninha está sentada defronte a ele, encantada.

FULANINHA

Tá gostoso?

TÉCNICO

Tá bom demais, minha flor de maracujá!

FULANINHA

Eu gosto de ficar assim vendo você comer. Cê come bonito! Come que nem um homem come. Não me canso de ficar olhando.

TÉCNICO

Cê queria que eu comesse que nem viado? Que nem uma moça?

FULANINHA

Não é isso que eu tô falando. Tô falando que você come bonito. *(T)* Quer limonada?

TÉCNICO

Quero. *(T)* Cê tem certeza que ela não chega mesmo? De jeito nenhum?

FULANINHA

Claro que tenho. Ela só chega na hora da janta. Come mais um pouco aí pra eu ver.

TÉCNICO

Parece doida.

FULANINHA

Doida de amor. Sabe que eu tô ficando meia doida por sua causa? É a minha cabeça que parece que tá meio solta. Você fica que nem boiando nos meus pensamento...

TÉCNICO

Deixa de coisa... *(Brincando)* Não vem botando a culpa em mim não. Você já era meio maluquinha antes de me conhecer, vai!

FULANINHA

Mas, de gritar eu já tô quase boa. É de tanto que eu gosto de você que eu tô sarando.

TÉCNICO

Traz a limonada, traz, minha flor...

FULANINHA

Tô indo. *(Sai) (Chave na porta. D. Coisa chega)*

D. COISA

Mas, o que é isso? Quem é o senhor? O que é que o senhor está fazendo aqui?

TÉCNICO

(Engolindo em seco) Eu? Eu sou aquele... *(Se recompondo)* Eu sou funcionário da Telesp. Ao seu dispor.

D. COISA

E aqui agora virou refeitório da Telesp?

TÉCNICO
Não, madame. Absolutamente. Claro que não. Eu estou aqui simplesmente numa checagem de rotina. Nada extraordinário, madame, pura rotina. Rotina.

D. COISA
Quer dizer que a rotina, a sua *rotina*, inclui um lanchinho às minhas custas?

TÉCNICO
Negativo, madame. Não entenda mal. Não foi isso que eu quis dizer...

FULANINHA
(Entrando com a limonada) Puta que o pariu!

D. COISA
Limonada! Puta que o pariu, digo eu!!

FULANINHA
A senhora não está entendendo...

D. COISA
Não sou **eu** que não está entendendo: É **você** que não está se explicando. Pode começar a se explicar.

FULANINHA
Não está acontecendo nada, dona Coisa! Nada ele veio mexer no telefone. É isso. Só isso. *(Tem-*

po) Não é aquilo que a senhora está pensando. Eu nunca fiz aquilo que a senhora está pensando. Eu nem sei fazer aquilo que a senhora está pensando. *(Pausa)* Eu nem sei o que a senhora está pensando...

D. COISA

Você não sabe, mas tá fazendo direitinho como se soubesse. *(Tempo)* Eu vou fazer o seguinte: Eu vou entrar, ele vai sair, e a gente nunca mais vai falar nesse assunto.

FULANINHA

(Mais que depressa) Falou!

CENA DE TELEVISÃO

CENA 4

FULANINHA

(Estranhando) Ué? E a novela?

D. COISA

Horário político.

FULANINHA

Ah... Pensei que era desfile de parada. Num parece parada? Tanta bandeirinha, com essa música, esse mundão de gente... *(Silêncio)* Peraí, o que é que ele tá fazendo na televisão? Não é artista...

D. COISA

É cadeia nacional.

FULANINHA

É cadeia nacional, né? *(T)* A senhora não tá querendo explicar, tudo bem! Não precisa... *(Pausa)* Mas que é difícil de entender, é. Vai me dizer que essa parede coalhada de livro, esse trono, o presidente todo bonitinho, penteadinho, falando *feliz natal pro Brasil!*... no meio da televisão... é tudo na cadeia? Ah, vai, dona Coisa! Pensa que eu sou boba? Eu não sou mais boba, não.

CENA 17

D. COISA

Não se faça de boba! Você sabia muito bem que não era pra...

FULANINHA

Acha que eu não sei fazer nada. Não explica. Depois eu erro e ainda acha ruim!

D. COISA

Como não explica? Você só aprende o que te interessa. Você só não consegue ler o que eu escrevo.

FULANINHA

Isso já é maldade. Eu tava querendo estudar à noite. A senhora que não queria que eu saísse à noite e ficou me enrolando a matrícula do Mobral. Foi ou não foi?

D. COISA

Enrolando, eu? Você que fez corpo mole. Queria que eu andasse atrás de você pra assinar os papéis? Faça-me o favor...

FULANINHA

Que eu queria estudar, eu queria. Ninguém pode negar, principalmente a senhora. Pagar estudo eu não posso. E não vou poder pagar tão cedo... Estudo é caro todo mundo sabe... e o que eu ganho...

D. COISA

E o projeto Minerva? E o Telecurso? As apostilas e os cadernos que eu te trouxe? Tão encostados em algum canto, tenho certeza.

FULANINHA

A senhora viu alguém aprender letrinha pelo rádio? Aquilo me deixava maluca. Me atacava os nervo. Nunca achava nada que ela mandava... quando achava ela já estava falando de outra coisa... Por que é que a senhora não experimenta? Vai, experimentar pra ver se é bom!

D. COISA

Chega!
(No meio da discussão)

FULANINHA

E pra mim também: chega!

D. COISA

Você acha que eu posso admitir alguém... Alguém, não. Uma empregada. Uma empregada falando assim comigo? Você acha que eu vou agüentar isso até quando?

FULANINHA

Eu não sei o que a senhora agüenta ou deixa de agüentar. O que eu sei é que eu não acho certo ser a burra de carga da senhora.

D. COISA

Não exagera, não exagera por que aí não vai dar pra gente se entender. Não apela não. Tudo o que você sabe fazer hoje, todo o serviço de uma casa, quem te ensinou? Fui eu. Não foi? Você não sabia nem atender um telefone. Tirava do gancho e ficava olhando, com o braço esticado...

FULANINHA

Tá certo, eu era um bicho do mato. Queria que eu fosse bicho do quê? Eu era do mato mesmo!

Mas, o que eu fazia gosto de ver era a senhora tendo que rachar lenha, descobrir que horas são sem seu relóginho, tirar leite de uma cabra... Queria ver como é que se saía a sua inteligência de bicho-não-sei-de-quê...

D. COISA

Você está ficando muito mesmo atrevida! Isso é jeito de falar comigo? Onde é que você pensa que está? Isso aqui ainda é a minha casa!

FULANINHA

A senhora pensa que esqueci? A senhora, por acaso, deixa eu esquecer? Esta é a sua casa. Só sua. Fica me enrolando, dizendo que é meu lar, que eu não tenho outro. Mas, assim, nem eu que sou mais bobinha quero!

D. COISA

Você está sendo ingrata. Todas vocês acabam sempre cuspindo no prato que comeram.

FULANINHA

Dessas outras eu não sei. O que eu sei é que eu não quero mais comer nessa tigela...

D. COISA

(Vendo a coisa ficar preta) Vamos conversar. Nós estamos ficando exaltadas, e assim nós não vamos conseguir chegar a um acordo.

FULANINHA

Toda a vez que a senhora vem com essa estória de *vamos-conversar-com-calma* eu já sei que no final, quem sai perdendo sou eu. Por isso acho melhor a gente conversar nervosa mesmo.

D. COISA

Põe a mão na consciência. O que é que tá te faltando? Aqui você não paga aluguel, não tem despesa com comida, pode assistir televisão, pode ouvir seu rádio...

FULANINHA

...pode dormir num quartinho que só cabe uma cama, pode tomar banho em cima da privada, por que só ali que cabe o chuveiro. Pode assistir televisão quando não tem visita. Pode ser chamada de burra a toda hora. Pode não ter casa. Pode **não** faltar no serviço... Pode não ter Natal, não fazer aniversário...

D. COISA

Você não está sendo justa, você não está vendo o meu lado...

FULANINHA

Mas, só tem o seu lado, dona Coisa. O lado da senhora, não dá pra senhora entender?

D. COISA

Deixa disso. Você pensa que é fácil botar uma pessoa estranha dentro da casa, pensa? A gente fica cheia de preocupação. Eu estou na rua e tô pensando em como é que estão indo as coisas por aqui. Eu nunca sei qual é a surpresa que vai estar me esperando na volta. Eu nunca sei se vou encontrar a casa inteira. E tem outro detalhe que é bom você ficar sabendo: a gente tem que fazer vista grossa pra muita coisa. Tem que fingir que não está vendo a vodca secando na garrafa fechada. Tenho que fingir que creme rinse *evapora* com o calor do chuveiro. Tenho que fingir que fui eu mesma que estraguei o meu batom... Por que na sua cabeça, cuidar do que não é seu é abusar de você!

FULANINHA

Então é assim, é? Que merda! Dá vontade de mandar tudo à merda! *(Sai)*

D. COISA

(Sozinha) Vem cá, menina! Não me deixa aqui falando sozinha. Volta já aqui! *(Perdendo a parada)* Peraí, você está sendo radical. Não é assim. Me dá uma chance. A gente pode tentar, a gente começa tudo do zero, como se a gente estivesse se conhecendo hoje. Sem ressentimentos, sem mágoa. Eu, de minha parte, posso te garantir que nunca...

D. COISA

(Tentando ser natural) Olha, Fulaninha, eu tenho que sair. Não demoro, não. Não precisa se preocupar com o jantar. Quando eu voltar eu trago pão pra fazer um lanche. Ah, se alguém ligar você diz que lá pelas sete eu tô em casa.

CENA 18

Fulaninha está sozinha, atende o telefone.

FULANINHA

Alô! *(Tempo)*É. É desse número aí que a senhora falou. É da casa da dona Coisa, sim senhora. Um momentinho que eu vou chamar ela.*(Tempo)* A senhora não quer falar com ela? Quer falar comigo? *(Ouve)* Sei, sei cozinhar, sim. Não, doce eu não sou muito boa, não senhora... Ah, a senhora ensina... É, é todo o serviço.. Tudo. Ah, mas a senhora tem criança, não tem? Não! Não é isso. Eu gosto, gosto, sim. Eu tô falando é porque suja muita roupa, não é mesmo?

(Dona coisa entra e fica observando) Mais ou menos. *(Tempo)* É... não muito. Não podia ser mais... Quer dizer, é *razoal*. *(Ouve)* Como?... Não dá pra subir mais um pouco, não? *(T)* Sei. É pouca coisa... Aqui também é pouca... Outra hora... pode ser... Quem sabe, não é? Mais tarde, então... Pra senhora também.

D. COISA
(Intrigadissíma) Quem era?

FULANINHA
Engano.

CENA DE TELEVISÃO

CENA 5 (TV)

FULANINHA
Valei-me, Jesus! O que é isso que a gente tá vendo?! *(Pausa)* Meu senhor!

D. COISA
É carnaval. É baile de carnaval.

FULANINHA
Mas, assim... todo mundo junto, todo mundo olhando... no meio do salão...

D. COISA
É no Rio de Janeiro.

FULANINHA
E o seu Miguel? Tá aí junto com esse povo?

D. COISA
Claro que não!

FULANINHA

Deus o abençoe e livre da tentação, não é dona Coisa? Deus o livre!

CENA 19

Fulaninha com camisola-de-patroa, toda vaporosa, nas nuvens, técnico só de calção.

FULANINHA

Você não acreditava, não é?

TÉCNICO

É. No fundo, no fundo eu tinha lá as minhas dúvidas...

FULANINHA

Quer mais vodca? *(Servindo)* Olha, vou te dizer uma coisa : Isso aqui pra mim virou remédio. É melhor que Maracujina, pra acalmar. A gente fica molinha... *(Maliciosa)* Fica ou não fica molinha?

TÉCNICO

Molinha? Fica uma seda... Mudinha, mudinha! Uma beleza! *(Riem)*

FULANINHA

Foi ela mesma que ensinou pra mim essas simpatias que eu fiz... Agora eu aprendi: tem que "desrelaxar"... ficar num lugar bem bonito... não pode ter ninguém pra estorvar nós....

TÉCNICO

Também com esse luxo todo, que é que não se cura?

FULANINHA

Quer comer alguma coisa?

TÉCNICO

Até que eu faço uma boquinha, minha flor.

FULANINHA

Tem strogonof, que cê gosta...

TÉCNICO

Mas fica aqui um pouquinho que eu queria dar uma palavrinha com você.

FULANINHA

Cê fala dum jeito... Não pode reclamar de mim. Cê viu: eu não dei um pio. Nem um piozinho!

TÉCNICO

Pois, é minha flor. Eu sei que você quer fazer de tudo pra me ver feliz.

FULANINHA

Então?

TÉCNICO

Quer me ver feliz mesmo? Pra valer?

FULANINHA

Mas, é só o que eu quero!

TÉCNICO

Pois é... É que... Claro que eu gostei que você não gritou. Claro! Mas, pra me deixar feliz mesmo... você bem que podia me dar uns gritinhos de vez em quando...

FULANINHA

Você quer me deixar doida? Quer?

TÉCNICO

Você não está me entendendo...

FULANINHA

(Indignada) Como não estou entendendo??? Quer dizer que agora é pra gritar?! Eu faço uma força desgraçada, promessa, trezena... E o senhor me vem com essa!

TÉCNICO

É só um gritinho... Um gritinho aqui, um outro ali.. só isso.

FULANINHA

E que cara eu fico com o santo, heim? Me diz? Não é você que vai ficar mal com o santo. Fala, criatura, me diz. *(T)* Não adianta me olhar com essa cara de *sinhá-mariquinha-cadê-você*!

TÉCNICO

Meu bem, não fica assim...

FULANINHA

Eu não quero nem saber ,,, você é que vai se explicar com o santo. Vai. Vai lá... Fala pra ele... *olha antes ela queria, sabe, mas depois, eu resolvi e não quero mais... eu quero só um pouquinho...* *(T)* Ah, tanto esforço , tanta...
Dona Coisa entra com uma mala na mão.

D.COISA

Que que é isso!?? A minha camisola de cetim!? Esse homem pelado? Na minha sala? A minha vodca!? O meu copo de Bacará!? Meu Deus, nem eu mesma uso essas coisas... Isso é um desacato! Uma provocação! Isso é um caso de polícia! Isso sim! Antes de mais nada, o senhor ponha-se daqui pra fora! *(O técnico entra na direção do quarto)* O meu quarto!!!! Fulaninha, que ódio! Que ódio!

TÉCNICO

(Com as calças na mão) Madame... não entenda mal...

D. COISA

(Apoplética) Nem se aproxime! Nem me dirija a palavra! Nem tenta explicar! *(T)* E, pode esperar, a conta da minha sessão de análise, metade eu vou descontar do seu salário e a outra metade eu mando pra Telesp. Pode esperar! *(Técnico sai)* Vamos lá Fulaninha! Agora, nós. Coragem! Pode começar a falar. Estou esperando.

FULANINHA

(Depois de um tempo) Minha colega sarou!

D. COISA

Sua colega é? Aquela dos gritinhos? Pois você

avise a sua *colega* que ela acabou de perder o emprego. Aqui *ela* não fica mais! Tá ouvindo Fulaninha? Pode pegar suas coisas que eu vou buscar a bolsa e a gente vai acertar as tuas contas. Tudo tem limite?

CENA 20

Dona Coisa sozinha, atordoada.

D. COISA

Eu não acredito... Não. Não está acontecendo comigo. Eu estou sem empregada! Ela foi embora...Eu vou ter que ligar pra **todas** as minhas amigas perguntando se alguém sabe de alguma.

Eu vou ter que procurar agência. Eu vou começar a cobiçar a dos outros... Eu vou ter que começar tudo de novo. Eu vou ter que por anúncio nos classificados. Eu vou ter que ler os anúncios dos classificados. Eu vou ter que ir à feira. Eu vou ter que almoçar com a minha mãe! Eu vou ter que arrumar a casa. Eu vou ter que lavar a roupa. Lavar a louça. Eu vou ter que cozinhar. *(Concluindo)* Eu vou ter que voltar para a análise!

CENA 21

Dona coisa ao telefone.

D. COISA

Eu, sou eu, mamãe... A Coisinha... Não, mamãe... Sou eu: a *Coisica*, a caçula. Lembra? *(T)* Não, mamãe... essa é a do meio... Não, mamãe... isso! Sou eu! Claro que sou eu, mamãe! Pois é o que eu disse: a Coisinha! *(Ouve)* Não... A senhora tá exagerando! Não faz tanto tempo assim. A vida da gente é muito corrida! *(Ouve)* Não, não aconteceu nada, não. *(Ouve)* Me deu saudade... assim de repente... é...*(Ouve)* Pois é... liguei à toa... *(Ouve)* Tava pensando em passar aí... almoçar com a senhora... *(Ouve)* Não, já disse que não aconteceu nada...*(Ouve)* Amanhã eu passo aí... é... almoço com você, então? *(Ouve)* Claro que eu tô bem... não, mamãe... Tá, mamãe...

Não... Não, mamãe... Amanhã... Imagina... Não, mamãe... Amanhã... Amanhã a gente conversa!

CENA 22
Dona coisa ainda ao telefone, frenética.

D. COISA
É do consultório? Que loucura! Só dá ocupado. Ele está atendendo por telefone também? Eu sei que ele está em consulta, que não pode atender. Mas, é um caso grave. E eu não vou poder explicar agora. Nem por telefone e muito menos pra você, não é? Mas, me faz essa caridade... Eu vou ter um esgotamento nervoso e a culpa vai ser toda sua... *(Perdendo totalmente o compostura)* Minha filha, se abateu uma verdadeira desgraça sobre a minha vida e você só sabe me dizer que *no momento é totalmente impossível?* Eu não estou brincando, é sério. Você *tem* que arranjar um jeitinho de me encaixar. Vê aí o que você pode fazer... Não tá vendo o meu desespero... Tô aqui me humilhando, ô, meu Deus... A minha sanidade mental, provisóriamente, está em suas mãos. *(Ouve mais um pouco)* Tá bom, meu bem, tá bom... Você vai ver o que dá pra fazer... Me desculpa, viu... Eu me descontrolei um pouco... Não repara, não É que eu acho que estou pra ter um colapso, sabe? Eu não tô bem. É como eu estou lhe dizendo: não estou nada, nada bem.

Eu não sou assim, viu? Não sou mesmo! Juro. Desculpa, tá? *(Desliga)*

CENA 23

Dona Coisa, com o avental e o lenço de cabeça de Fulaninha, está fazendo limpeza com bastante desconforto pela situação. Toca o telefone. Dona Coisa atende.

D.COISA

Alô! É ela mesma. *(Ouve)* Quem?! O senhor tem certeza? Tá aí embaixo??? Meu Deus! E eu assim... A casa toda... *(Ouve)* Não! Não manda voltar depois, não. Eu vou receber sim... Claro que vou receber! *(T)* O senhor pode mandar subir. É que eu não estava esperando... Mas, tem coisas na vida da gente que não escolhem hora... *(Ouve)* Não, não é nada. É que eu fiquei um pouco nervosa... Me pegou de surpresa, tava pensando alto... *(Tempo)* Muito obrigada. Pode mandar subir. Muito obrigada, viu? *(Desliga. Está meio atrapalhada. Arranca o lenço da cabeça, o avental. Enfia tudo no balde. Procura esconder o balde, os* vestígios *de faxineira, arruma o cabelo, a roupa, procura um ar* natural.)

CENA 24

A campainha toca. Dona coisa abre; as duas constrangidas.

D. COISA

(Depois de um tempo) Vamos entrando não é?

FULANINHA

É. Dá licença. *(Dá dois passos, dona Coisa vai indo pro sofá, no caminho vai dando um* jeitinho *nas coisas)*

D. COISA

(Sentada) Senta aí, Fulaninha. Que cerimônia é essa?

FULANINHA

(Sentando e observando tudo) Não mudou muita coisa por aqui.

D. COISA

É. Não mudou muito, não. *(Pausa)* Mas, me conta, por onde você andou? Como é que vai a vida?

FULANINHA

Vai-se como Deus manda! *(Pausa)* E a senhora?

D. COISA

Vai-se levando... Quer dizer, tá tudo bem.

FULANINHA

Sei.

D. COISA
Tudo normal. Aquela vidinha de sempre.

FULANINHA
Aquela vidinha.

D. COISA
E você? Tá trabalhando?

FULANINHA
Tô. Quer dizer... Tô trabalhando sim!

D. COISA

Que bom, né? Tá tão difícil emprego hoje em dia...

FULANINHA
Mais ou menos. Mais ou menos! Tem muita gente precisando de empregada. Tão pagando tão bem! A senhora nem imagina...

D. COISA
Então você tá satisfeita no seu emprego?

FULANINHA
(Faz que não ouviu. Passa o dedo discretamente *num móvel pra ver a poeira)* A senhora tá com empregada?

D. COISA

Tô. Claro! *(Se toca)* Quer dizer... Tem uma moça que trabalha na minha mãe que tem me dado uma mãozinha de vez em quando... Muito boazinha, caprichosa!

FULANINHA

Que bom né?

D. COISA

Muito boa mesmo! Uma beleza. Me deixa descansada.

FULANINHA

Mas, a senhora não preferia uma que dormisse no emprego?

D. COISA

Por quê? Você conhece alguma?

FULANINHA

Não, não, quer dizer, falei por fala... *(Silêncio)*

D. COISA

Escuta, e aquele teu namoradinho, estão firmes?

FULANINHA

Nem me fale, dona Coisa! Quanta desilusão! Parecia tão bom moço... Mas, quando foi pra casar mesmo... A senhora sabe como é, tomou chá de sumiço... Ainda chegou a me convencer a entregar pra ele a minha poupança pra completar a entrada do terreno! Um sofrimento, D. Coisa! Um sofrimento....

D. COISA

Que falta de sorte! Essas coisas acontecem. A gente não acredita, mas acontecem.

FULANINHA

Eu tava tão precisada de uns conselhos, não tinha ninguém por mim.

D. COISA

Ah, mas, já passou. *(Consolando)* Acabou, cabou, cabou.
(Silêncio)

FULANINHA

E o seu Miguel?

D. COISA

Nada. Não falei nada.
(Silêncio)

FULANINHA

Eu tô pensando umas coisas aqui na minha cabeça. Não sei. Sei lá. Eu tô achando que eu podia...

se a senhora quisesse... eu não ia achar ruim. Que é que a senhora acha?

D. COISA

O que é que eu acho? O que é que eu acho do quê?

FULANINHA

A senhora conhece alguém que tá precisando de empregada?

D. COISA

Conheço, sim. É pra você?

FULANINHA

É, sim. E a empregada é pra senhora?

D. COISA

É.
(Silêncio)

D. COISA

(Animada) Bom, então quando é que você começa?

FULANINHA

Vai depender da senhora. Do ordenado, a senhora sabe, as coisas tão subindo toda hora...

D. COISA

É, tão subindo. Quanto a isso...

FULANINHA

Lá nessa minha patroa a gente combinou de subir o meu ordenado um pouquinho todo mês. Fica melhor! Eu não preciso ficar pedindo aumento cada vez que sobe as coisa. Primeiro sobe o meu salário, DEPOIS sobe as *coisa*! Outra condição...
Toca o telefone. Fulaninha se adianta e atende.

FULANINHA

(Dona da situação) Isto é uma gravação. Infelizmente a dona Coisa não pode atender agora. Ela está resolvendo a vida dela. Deixe seu nome, seu recado, e o número do seu telefone. Assim que ela puder ela entrará em contato com você. *(Pausa)* Só fale depois do bip. *(Corre para pegar papel e lápis)* Biiiiiiiiiiip. *(Faz sinal para dona coisa não fazer barulho e anota velozmente o recado. Desliga)*
(Silêncio)

D. COISA

(Apatetada) Quem era?

FULANINHA

(Com o recado nas costas) Depois. *(T)* E nós? Heim, o que a senhora resolve? Tô esperando.

D. COISA

Você me deixa tão... É... Eu acho que... Tá, eu topo!

Nesse meio-tempo aparece à porta uma figura grotesca: o ator que fez o técnico está travestido de doméstica, com a trouxa na mão, balde, sabão.

SICRANINHA

(Humilde, sem jeito) Desculpe o mau jeito... Mas, é que eu vi a porta aberta... Eu perdi a direção... Será que alguém podia me ajudar a encontrar o açude?

FIM

Homeless

Esse texto é dedicado a Zero Freitas
e Francisco Medeiros

Todos são mendigos.
tornaram-se mendigos.
exceto Melchior.

verão de 1989

Homeless

LINDA - Travesti. Usa barba. Não usa trejeitos.
ZIL - Mulher de Zé.
ZÉ - Marido de Zil.
BELA - Bela Adormecida. Foi algum homem sério.
VALENTE - Jovem. O mais jovem.
MELCHIOR - Tipo acabado do malandro da Lapa dos anos 40.

Em algum lugar público. Um canto embaixo de algum viaduto. Uma escadaria ou um beco. Muitos objetos fazem a decoração do lar.

LINDA

Bom-dia! Bom-dia, juventude! Bom-dia, futuro do meu país! Bom-dia, dia! Bom-dia, sol! Bom-dia, passarinhos! Bom-dia, alegria! Bom-dia, verde! Bom-dia, árvores! Bom-dia, caminhão! Bom-dia, poste! Bom-dia, cachorro! Bom-dia, cocô do cachorrinho! Bom-dia, polícia! Bom-dia, malandro! Bom-dia, bichas! Bom-dia... a puta que pariu vocês todos! *(T)* Como se dizia na Tupi: *oi, turma!*
Zé e Zil estão chegando.
Zil está completamente bêbada.
Zé se esforça para levá-la até em casa.

ZÉ

Levanta! Anda, criatura! Você bebe demais... Fala demais... depois, fica assim! Me ajuda, porra! Tá pensando que tudo é carnaval?

ZIL

Tô legal. Não enche. Não fica me puxando, você fica me apertando...! Ih...

ZÉ

Então anda, cacete! Se você anda, eu não te puxo. Você não está em condição... se não sou eu aqui, você...

ZIL

(Cortando, enérgica) Se manda, então! Viado! Tá pensando o quê? Não te pedi pra ficar comigo! *(Mais calma)* Vai! Vai cuidar da tua vida! *(T)* Fala, me responde.
Silêncio

ZÉ

Fica quieta, fica! Só anda. Só tô te pedindo pra andar. Só isso. Só an-dar.

ZIL

Fala, me responde. Por que é que você tá tão preocupado comigo? Hein? Vai me enganar que é por minha causa? Pra cima de mim?

ZÉ

(Irritado, contrariado) Te largo aí, então. Te largo!

Silêncio

ZIL

(Como que falando sozinha) Larga, larga... Não nasci grudada com você... Graças a Deus!... Esse peste... Essa desgraceira... nem eu queria! *(Para Zé)* Pode me deixar. Você só faz atrasar a minha vida... Me deixa! "Te largo, aí". Larga, larga!

ZÉ

(Fazendo que vai-mas-não-vai) Tá! Fica aí. Fica! *(T)* Tô indo, hein?

ZIL

(Depois de um tempo) Zé? Ô, Zé? Cê tá aí? Você tá aí ainda... não tá? *(Pausa)* Tá, né?

ZÉ

Eu?

ZIL

É, Zé! Você! Você está aí?

ZÉ

Estou, né?

ZIL

Já que você está aí eu vou aproveitar para te falar um negócio.

ZÉ

Quer falar! Andar, que é bom, nem pensar, né, Zil?

ZIL

Posso falar?

ZÉ

Fala, caralho!

ZIL

Eu também te amo!

ZÉ

(Desconcertado) Ih, pára com isso. Que que é isso agora?!

ZIL

Amo, sim! É foda, mas eu amo. *(T)* Que é que se vai fazer?

ZÉ

Eu sei o que você vai fazer. Você vai me ajudar. Vai levantar esse pezinho, depois vai levantar o outro, vai andando, andando e, quando menos esperar... chegamos! Vou te levar pro...

ZIL

Eu te amo.

ZÉ

Tá. Tudo bem. Eu já ouvi. Vamos: andando!

ZIL

Zé... Você não está entendendo. Você nunca entende nada. Você é um merda. Um merda que não entende nada. Porra nenhuma. A vida é um troço... Um troço lindo... Eu queria tanto que você entendesse isso!... Mas, não vai dar pra eu te explicar agora. Agora não vai dar! Mas, eu queria te dizer. Presta atenção!!! A vida... é um troço... um troço lindo! Você, não. Você só pensa em sopa... em viaduto do chá... Mas, a vida, Zé, a vida é Linda! Você não vê mesmo?

ZÉ

Linda!! Pode crer. Não tem coisa mais bonita do que eu e você agora! Tem? Mais bonito, mais lindo... só se chovesse! Anda, sua vaca! Não empata o meu tempo. Vamos andar! Me ajuda, porra!

ZIL

(Começando a andar de novo) Estou indo, meu amor... Pra onde você me levar... eu tô indo..! Tem uma coisa Linda me levando! Linda!

ZÉ

Zil, agora só falta a chuva, mesmo!

LINDA

(Para Zil) O que é isso, meu amor? Você não pode beber assim! Isso é coisa de... *(Para Zé)* Meu Deus, Zé, como é que você deixou ela ficar assim?

ZÉ

Eu?! Como eu deixei? Não brinca, Linda! Quem é que segura ela? Até parece que você segura!

LINDA

Você tem que dar um jeito, meu filho. Como é que pode? Ela está em petição de miséria! Espia!

ZIL

Petição de miséria? Deixa de coisa... Eu bebo e vejo... Fico vendo tudinho... Vocês, não. Só ficam regulando, mandando andar... Andar! E não tão vendo nada, nadinha. Estão pensando que estão tomando conta... que esperança! Eu bebo. E vocês? Vocês não estão vendo nada! *(Ri mole)*

LINDA

(Para Zé) Eu acho que tá baixando a pressão dela. Ih, Zé, o pior é que eu não tenho nem mais uma gota de arnica!

ZÉ

Nem adianta me olhar: eu não tenho dinheiro nem pra *remédio*...

ZIL

Nem pra remédio... Nem pra fazer um chá...

ZÉ

(Cuidadoso) Ô, meu bem, vamos ficando quietinha, de olhinho fechado, pensando em coisa boa que é já que você apaga.

LINDA

(Para Zé) Isso aí, não é sono, não. Pra mim é pressão que baixou. Pressão baixa é um troço que eu manjo de longe!

ZÉ

O *doutor* terminou o diagnóstico? *(T)* Então, agora deixa ela dormir.

ZIL

Dormir também é... é bom! Taí: dormir é bom. *(Fecha os olhos)* o pau de dormir é fechar os olhos. É espeto: atrapalha tudo. Vocês não acham que isso de ter que fechar os olhos pra dormir tá errado? É tão cacete! De olho aberto fica bom, de olho fechado vem tudo por cima da gente, o chão fica balançando... Por que é que a gente não pode dormir de olho aberto? vendo tudo. Vivendo tudo... Tudo que tá aí, de bobeira, esperando a gente...

ZÉ

(Concordando para encerrar a falação) Então, tá!! Dorme de olho aberto! Você não quer? Então? Tô esperando. *(Desconsolado)* Onde já se viu? Dormir de olho aberto! *(Para Zil)* Ó, por mim, você faz o que você achar melhor. Qualquer coisa. Mas, não dá pra ser de boca fechada? Que tal? Eu prefiro. De boca fechada você não me humilha, não me ofende. Eu acho mesmo que o que eu gosto em você olhar pra você.

LINDA

(Enternecida) Ah, Zé... Gostei de ouvir isso. Acho que eu nunca cheguei a ouvir isso, eu só pensei isso.

ZÉ

Então, pronto. Ouviu! E é verdade. Gosto de ver. Quando eu vejo, eu lembro de como era, lembro de tudo que eu gostava nela. Nada mais é daquele jeito. Nem eu, nem ela, nem nada. Tudo era de um jeito que eu gostei.

LINDA

Não é verdade. Vai chegar o dia em que você vai achar que tudo era lindo agora. Até lembrar de mim vai ser gostoso. Zé, você é um... Não! Você não é um. Você é um monte de macaquinho. É, sim. Um monte de macaquinho fingindo que é *gente séria*. Faz tudo que *gente séria* faz, pensa que nem *gente séria*, imita *gente séria*, tem problema de *gente séria*. Só que não tem nenhuma *gente séria* pra te olhar e achar uma gracinha, dizer *espia isso, parece* gente séria*!* Desencana, meu Zé... Você não é gente séria.

ZÉ

Eu fico imitando *gente séria*? Eu? E você? Nem querendo dá pra te levar a sério. Linda, você não serve nem pra piada.

LINDA

Ela apagou. Deixa ela descansar. Tô de saída. Zé, eu também gosto muito de você. Siuleiter. Bái-bái.
Está entrando *Bela adormecida* com seu *amarrado* de jornais velhos. Todos muito bem arrumadinhos. Tudo organizado.

BELA

Está de saída?

LINDA

Qual é o problema?

BELA

Problema nenhum...É que eu fiquei muito tempo sozinho, estou voltando agora, não queria ficar sozinho de novo. Se eu ficar eu acabo lendo e eu não estou bem...

LINDA

Depressão de novo?

BELA

Não da braba. Levinha.

LINDA

Dá um tempinho aí, que eu já tô de volta. Mas, me promete uma coisa.

BELA

O quê?

LINDA

Não lê nem uma linha até eu chegar. Promete!

BELA

(Vacilando) Tem mais alguém aí?

LINDA

Primeiro, promete.

BELA

Prometo, vai. Mas, diz, tem?

LINDA

Tem a Zil e o Zé. A Zil está apagada e o Zé não está lá essas coisas. Pega leve. Não arma discussão. Veja lá!

BELA

Não tem perigo. Mas, não demora.

Bela e Zé se encontram. Zé está alisando uma bituca de cigarro. Cumprimentam-se sem falar. Zé aponta pra Zil dormindo pedindo silêncio. Bela fica remanchando, arrumando seus recortes.

ZÉ

Que foi?

BELA

Ainda não falei nada...

ZÉ

Pensei.

BELA

Eu também: só pensei.

ZÉ

O quê?

BELA

Que você não gosta muito quando ela está acordada. Mas, quando ela apaga ela deixa a gente muito sozinho, não sobra muita coisa... sei lá.

ZÉ

É. Também não sei. Tô aqui, sem sono, sem fome, tudo quieto. E eu não estou gostando. Nada, nada.

BELA

Pois então!

ZÉ

Pois então, o quê? Parece doido! Pois então, nada! *(T) Pois então!* Coisa mais antiga: *pois então...*

BELA

Deixa...

Silêncio

BELA

Não queria te incomodar. Queria só ouvir uma voz que não fosse a minha. Nada pessoal, Zé. Não fica assim, que aí quem não agüenta sou eu.

ZÉ

Tudo bem.

BELA

(Depois de um tempo, com uma notícia na mão, relê e comenta) Oitenta por cento ao ano! Onde é que vamos parar? Se eu tivesse mesmo que

viver de salário, não sei como ia me virar... É o fim da picada!

ZÉ

(Irônico) Onde será que nós vamos chegar?

BELA

Pelo menos agora, com esse negócio de *décimo terceiro salário* deve ter sido uma mão na roda! Os preços vão dobrar!!! Sabe lá o que é isso?!

ZÉ

E você lá tá interessado em *preço*? Só se for interesse histórico! *(Manda um beijo)* Acorda, minha Bela Adormecida!

Silêncio cai novamente entre eles. Bela recolhe os recortes.

BELA

Tem cigarro na caixinha?

ZÉ

Tem só um. Mas, acho melhor esperar a Zil. Esse deve ser dela e, você sabe, hoje é dia que ela já acorda com boca de pito.

BELA

Só perguntei *(fica olhando para a bituca que Zé tem na mão)*

ZÉ

Esse não é da caixinha não. Esse aqui tá comigo há já uns dois dias. Estou querendo deixar de fumar, sabe. Tá na hora. Eu sinto que tá me tirando o fôlego. Antes, era o mesmo que nada. Agora, não. Eu sinto o peito, me falta o ar... Tô largando, Bela. *(Mostrando a bituca)* Hoje mesmo, só dei uma tragada.

BELA

E ficar aí, só alisando a bituca, não te dá mais vontade ainda?

ZÉ

Sabe que não? Não dá, não. É meio zen, até. Você fica ali, com o cigarro, aquele silêncio, aquela intimidade...

Zil está acordando. Zé faz sinal para Bela fazer silêncio.

ZIL

Vocês já estão acordados? *(T)* Ou vocês nem foram dormir ainda?

ZÉ

Vira pro outro lado e dorme, meu amor. É bom pra você dormir. É melhor.

ZIL

(Carinhosa) Ô, meu amor... vou dormir, sim, eu vou.

Os dois esperam Zil voltar a dormir.

BELA

Dormiu de novo.

ZÉ

É bom assim.

BELA

Ela bebeu muito?

ZÉ

Pra mim é muito. Pra ela, não. O de sempre. Até anestesiar. Até acalmar aquilo dela. Aquela confusão por dentro, você sabe, não sabe?

BELA

Acho que sei.

ZÉ

(Mudando de assunto) Amanhã, você vai comigo? Nas cantinas?

BELA

Acho que sim.

ZÉ

Acha?

BELA

Acho. Você vai?

ZÉ

Acho que sim.

BELA

Então!

ZÉ

O.K.

BELA

Dominó?

ZÉ

Até dar sono?

BELA

Tudo bem.

ZÉ

Traz.

Pegam as pedrinhas devagar e começam a jogar em silêncio.

Zil e Bela. Ela está com uma cumbuca e um pincel de barba, fazendo espuma. Ele pronto para começar a toalete lê seus recortes.

ZIL

(De bom humor) Que é que tem de bom nesse aí?

BELA

Não brinca, Zil, a coisa tá preta.

ZIL

Isso não mudou. A coisa continua preta.

BELA

Eu acho que a gente devia tomar uma atitude, uma providência. A gente devia reagir. Você não acha?

ZIL

A gente, quem? Nós dois?

BELA

Nós, ué? O povo, a população. Alguém tem que pagar essa dívida!

ZIL

É brincadeira? Justo eu vou pagar essa dividona? E se mal lhe pergunto, você tem uma vaga noção de como nós podemos fazer isso?

BELA

(Mostrando o anelzinho de metal que tem no dedo) Você está vendo isso aqui?

ZIL

(Parando de barbeá-lo e avaliando de longe o anel) Sei. Você vai pagar a dívida externa do país com essa *jóia*. Então por que é que eu estou me preocupando? A dívida brasileira tá paga, gente!

BELA

Olha direito. Lê aqui. Vê bem o que está escrito.

ZIL

(Lendo) Dei ouro para o bem do Brasil.

BELA

Entendeu agora?

ZIL

Bela, você deu ouro?

BELA

Não foi exatamente ouro. Foi uma contribuição, na medida das minhas possibilidades.

ZIL

E o Brasil...?

BELA

No futuro, vai me agradecer. Vai reconhecer que eu fiz a minha parte.

ZIL

Vai, Bela... vai, sim! O Brasil vai aprender e nunca mais vai ficar tomando dinheiro emprestado e deixando pra gente pagar depois...

BELA

Pois então. A gente paga o que deve e fica livre. Paga e pega o Brasil de volta.

ZIL

(Passando a toalha e encerrando a toalete, beija o rosto de Bela) Acorda, minha Bela Adormecida!

BELA

Tá bom, não falo mais nada... Foi você que começou, você viu!

ZIL

O que será que tem pra comer, hein?

BELA

Perguntar pra mim é bobagem.

ZIL

(Remexendo as coisas) As latinhas estão limpas e o latão acho que o Zé deve ter levado.

BELA

Deus queira!

ZIL

Tem esse tabletinho aqui de caldo de carne.

BELA

De carne mesmo ou de galinha?

ZIL

Tá meio apagadinho, acho que é carne. Não dá pra ter certeza. *(Cheirando)* O cheiro é quase igual!

BELA

Vê direito. Por que galinha eu não tomo.

ZIL

O cheiro é igual, em compensação o gosto... é quase igual também!

BELA

Mas, galinha, não. Eu não posso. Nenhum bicho com pena!! Só de pensar... Desde menino: nenhum bicho de pena me desce.

ZIL

Você não chegou a provar a *sopa do Zarur*? É do seu tempo. Eu lembro, eu era pequena, ouvia no rádio do meu pai, as madames no caminhão distribuindo as canecas de sopa... E que eu saiba a *sopa do Zarur* não era à la carte? Era?

BELA

Que esperança! *(Voltando ao tabletinho)* Mas, me dê aqui. Deixa eu ver se é carne mesmo. *(Pega o tabletinho, cheira, abre, cheira de novo, examina)*

ZIL

(Interrompendo a tempo) Lamber, não vale! É carne, Bela! Vai por mim.

BELA

(Devolvendo) Veja lá, hein!

ZIL

E depois tem outra: se o de carne que é de carne, não tem carne, você acha que o de galinha vai ter justamente galinha? Pensa! Anda buscar água, anda!

BELA

(Saindo com uma panela*)* Pode ser, pode ser... Tô indo.

Zil acende o fogaril. Bela volta e os dois preparam o caldo. Vão tomá-lo juntos.

ZIL

Bela Adormecida, me diz uma coisa, você acha que eu sou... maluca?

BELA

Que conversa é essa Zil...? Imagina, você... maluca?

ZIL

Sério. Às vezes eu acho que eu não tenho nada a ver com ninguém. Eu tenho a nítida impressão que eu passo o tempo sozinha. Os outros... as pessoas não entendem. Quer dizer, todo mundo entende... um pouco. Ninguém entende tudo.

BELA

É assim mesmo. Você pensa muito, sente muito... acaba falando muito e as pessoas...

ZIL

Eu falo muito? Você acha, Bela?

BELA

Eu não ligo. Eu gosto de você falando. Você não deixa a gente dormir. Não deixa a gente se acomodar, se encolher e sumir. Vai ver que é isso que incomoda os outros.

ZIL

É capaz. Quando eu tô só comigo sempre me vem a certeza que eu não quero mudar nada. Eu gosto de mim assim!

BELA

Eu também, Zil. Gosto de você assim.

ZIL

Tá certo, eu concordo, eu preferia não ter que "sentir" umas coisas. Certo. Mas, esse negócio de mudar, de fazer força pra ser diferente, não! Bela, juro, não tenho vontade nenhuma! E as coisas que cada um sente, ninguém escolhe. Elas vem, elas vão... e você ali, no meio: só dando passagem.

BELA

É. Não deixa de ser.

ZIL

E a sopa? Que tal?

BELA

(Tomando mais um gole) É carne mesmo, viu?

ZIL

(Confirmando) É. É carne, sim. Quer que ponha mais um pouco pra você?

BELA

Não. Tá quente. Assim vai esfriando.
Chegam Linda e Valente.

LINDA

(Anunciando Valente) Espia quem euzinha encontrei!

ZIL

Valente!

BELA

Que tempo, Valente! *(Para Linda)* Onde é que você foi buscar o Valente?

ZIL

(Para Linda) Isso é que dá não dormir em casa: tem sempre uma *novidade*, né, Lindinha?

LINDA

Isso tava do outro lado. *(Para Valente)* Se eu não te arrasto pra cá era bem capaz do senhor ter o desplante de nem aparecer por aqui pra tomar a benção. Né, não? Júnior?

VALENTE

Claro que eu ia passar por aqui! Que idéia, Linda! *(Para Zil)* Cadê o Zé?

ZIL

Não demora. Foi nas cantinas.

VALENTE

Tudo igual, né?

ZIL

Qual o quê, rapaz! Tudo sempre diferente! Ontem mesmo você não estava aqui. Onde é que você estava?

VALENTE

Estava justamente vindo pra cá. *(Pausa)* Sério, Zil, eu tive saudade. Muita. Vocês não podem saber quanta! *(Abraça Bela)* O Bela é que tem razão: não dá mesmo pra entender tudo o tempo todo! *Eles* só têm uma piada.

LINDA

E velha! Todo mundo já conhece, mas só se lembra no final! Quantas vezes eles contam, tantas vezes se cai.

ZIL

Vamos se acomodando, gente. Tem sopa. Quer dizer, tem esse caldo de galinha...

BELA

De carne! De carne...

ZIL

Enfim, a sopa... *polêmica* está servida!

VALENTE

É de carne ou de galinha, afinal?

ZIL

É essa justamente a polêmica. *(Ironizando)* A gente aqui, eu e o Bela, tínhamos fechado que era carne, mas, se for o caso, pode-se reabrir a discussão.

VALENTE

Sabe o que é... é que eu não como carne.

ZIL

É brincadeira...?

VALENTE

É pra valer, Zil, não estou comendo carne. Já tem tempo.

ZIL

Claro! *Não come carne*. Faltava essa... Agora, tem um troço: não me explica, tá bem? Nada de ficar falando do mal que a carne produz no organismo humano. Combinado assim?

VALENTE

Tudo bem. *(Cheirando a sopa e vacilando)* Mas, deixa eu ver... É só o caldo da carne, não é isso?

LINDA

(Também provando um golinho) E olhe lá! Não tem nem cheiro...! *(Para Zil)* Nem você sabe mesmo do quê que é isso aqui?

ZIL

Tenho meu palpite.

LINDA

Zil, isso aqui não é coisa nenhuma. É psicológico, só.

ZIL

Seguinte: quem vai tomar, toma! Quem vai só fazer a crítica, sai. E pronto!

LINDA

Ô, Júnior, toma só um golinho. Só pra brindar com a gente.

BELA

Isso! É uma confraternização. Não nos faça essa desfeita, Valente.

VALENTE

(Ainda relutante) Só um golinho, hein?

ZIL

Você não muda, né? Sempre inventando moda! Esse é o Valente.

Servem-se e brindam com as canequinhas.

LINDA

Tanta onda e esse negócio tá ruim à beça. Chega a ser constrangedor...

BELA

Tem que esquentar. Fica melhor.

LINDA

De fato, requentado deve ficar *irreconhecível*. É o caso de mandar uma amostra pro Instituto Adolfo Lutz e esperar o laudo da perícia!

ZIL

Exagerada!

Chega Zé com o latão vazio que encosta num canto.

ZIL

(Irônica) Já jantou, benzinho?

ZÉ

Aquele humor... aquele espírito engarrafado! Esta é a Zil!

ZIL

(Arrependida, corrigindo o curso) Brincadeira sem graça minha. Toma um pouquinho de caldo de... Toma sopa *de um modo geral* com a gente! Vou buscar tua caneca.

ZÉ

(Notando o Valente) Salve ele! De onde é que você apareceu?

VALENTE

Encontrei com a Linda. Vim com ela.

LINDA

Devo dizer que não sem alguma resistência! Essa é que é a verdade dos fatos.

ZÉ

E o campo, Valente, que tal? A vida em harmonia com a natureza?

LINDA

Ih, vida de *bóia-fria* não é moleza... Não deu em nada. Podemos *ticar* a experiência rural dos nossos caderninhos!

VALENTE

Não é bem assim...

ZÉ

Desiludiu-se com a vida rural?

VALENTE

Não é que eu me desiludi, acho que não era pra mim. Acho que o Brasil não é pra mim. Por isso que eu tô indo embora... Não dá. Não tem lugar pra mim.

BELA

Já tá indo de novo, Valente?

VALENTE

Eu não acredito no país. Não vai ficar ninguém. Vocês vão ver. E não adianta virem pra cima de mim com essas campanhas...

BELA

Eu sei. Eu li sobre isso. *Brasil, ame-o ou deixe-o*. Achei forte! Agressivo!

ZIL

(Voltando com a caneca de sopa do Zé) Você não chegou ainda naquele pedaço que tem uma outra assim: *não se mude do Brasil: ajude a mudar o Brasil*?

BELA

Gostei! É um pouco comprido... mas tem menos ditongo. Não tem aquele ou-ou-ou-ou! É forte! Mudar o Brasil! Mas, não é sério, é?

ZÉ

Deixa eles, Bela! Isso aí não dá em nada. É slogan. Slogan é slogan: não é nada. *(T)* Por falar em nada, Zil, isso aqui é sopa de quê?

ZIL

Muito bem colocada a sua questão. Eu estava ansiosa pra voltar a esse assunto. É tão edificante... tão excitante. Gente, um voluntário, por favor, para fazer o encaminhamento da discussão! Por favor!

ZÉ

Só perguntei, Zil, que mau humor!

ZIL

Eu só vou responder. É sopa, certo? Sopa, digamos assim... de *tabletinho*. Manja? Tava apagado e não deu pra saber. É isso. Só.

ZÉ

(Para Valente) mas, você vai mesmo para o exterior?

VALENTE

Vou, sim. Zé, aqui não tem nada pra mim. No Japão, na Alemanha, em qualquer lugar eu tenho mais chance.

LINDA

Chance de quê? Pode-se saber?

VALENTE

Chance é chance. *La chance*, do francês, sorte. Chance é sorte, é oportunidade. Aqui todo mundo ri, ninguém acredita em nada, tudo é expediente. Não tem nada pra mim não.

LINDA

Espia isso, Zé. Companhia pra você: *projeto* de *gente séria*!

ZÉ

Não liga, Valente! Essa é a Linda! Isso adora uma provocação.

VALENTE

E eu não sei?

ZÉ

(Para Valente) Vou te dizer um troço, Valente, eu também já pensei muito nesse negócio de ir embora. É! Sério, já pensei. A gente se mandava daqui. A Zil sempre quis, toda a vida... Ela falava muito de Paris. Era o lugar dela. Eu ia mais pra acompanhar. Não sei o que eu faria lá. Paris é dela! Mas, eu tinha era vontade de estar lá só pra ver ela! Ver os olhos dela olhando, o nariz dela abrindo e respirando aquilo, a boca abrindo...

ZIL

Assim eu fico sem graça... *(Vai até ele e dá um abraço)* Zé, você sabe... Paris era antes..! Quando as coisas aconteciam, quando podiam acontecer daquele jeito. Pra mim, pra você, pra qualquer um.

ZIL

Eu ainda te vejo em Paris.

ZÉ

Eu não vejo mais.

LINDA

Estamos atrapalhando? Se a gente estiver é simples, a comitiva se retira!

ZÉ

No duro, Valente, eu acho que nós devíamos pensar nisso. A gente: eu, você, a Zil, todos! *(Para*

Zil) Você mesma, Zil, vivia dizendo que não deve ser normal uma pessoa nascer na terra e durante a vida todinha só andar uns metros! Com todo esse mundão esperando os nossos olhos...! Eu ainda não desisti. Ainda penso nisso.

ZIL

Isso era antes, Zé! Você demora muito... Quando eu estava desesperada – com a gilete numa mão e o pulso na outra – querendo tudo de uma vez só... Paris, a vida, a morte, saber tudo, comer tudo, beber todas, amar tudo que eu tenho e que eu não tenho também... Quando eu tava assim... sim! Agora... Agora é que você começa a entender... Esquece, Zé. Obrigada, mas, esquece! Brasil é bom. Aqui é bom. E você é superbom.

LINDA

Gente! Eu tenho certeza: é melhor a gente ir dormir, sim! Bora, dormir.
Todos concordam e começam a se recolher.

LINDA

Você dorme aqui com a gente, né, Júnior?

VALENTE

Claro, Linda. Claro!

LINDA

(Sedutora) Mas... agora, dar uma deitadinha... nem pensar, né?

Valente sorri pra Linda, mas acaba ficando no plantão com o Bela adormecida. Todos estão deitados.

LINDA

Boa-noite, Zé.

ZÉ

Boa-noite, Linda.

ZIL

Boa-noite, Zé.

ZÉ

Boa-noite, Zil.

LINDA

Boa-noite, Zil.

ZIL

Boa-noite, Linda.

LINDA

Boa-noite, mamãe. Boa-noite, John Boy.
Boa-noite. Boa-noite.
É noite no vale dos Walton.

BELA

(Depois de um tempo) É bom ver você aqui de novo, Valente. Bom mesmo.

VALENTE

Ô, Bela...

BELA

É, sim. Você é tão inteligente. É moço e é tão esclarecido. Dá gosto conversar com você. Está sempre fazendo coisas diferentes...

VALENTE

Cada um do seu jeito.

Bela remexendo nos jornais

BELA

Tem tanta coisa que eu fiquei sem entender! Pra mim não deu. Foi tudo tão rápido, tão confuso. Mas, eu ainda acho que se eu conseguir pegar bem nas entrelinhas... acho que ainda dá pra eu pegar uma carona nesse bonde.

VALENTE

Bonde, Bela?

BELA

No Bonde da História, Valente.

VALENTE

Ih, tem tanta gente por aí que pega o bonde andando e ainda consegue sentar na janelinha! Esse é que é o buraco.

BELA

Mas eu tenho estudado muito. Estou começando a tirar minhas conclusões, tenho feito minhas deduções, quem sabe eu pego o fio dessa meada? Entra Melchior. Nenhum dos dois ainda o viu.

VALENTE

Pode ser, Bela. Pode ser. Mas, pra mim também, tudo isso não faz sentido. E eu já nem quero mais entender. Quero descobrir o meu lugar. Isso sim! Onde é o meu lugar? Agora, nesse momento, deve ter em algum lugar um lugar pra mim. Esperando por mim. E eu aqui, perdendo tempo de estar lá. No meu lugar.

BELA

Quem sabe, se vierem mesmo as reformas de base que o Jango está falando...

VALENTE

Não, Bela, as do Jango, não! As do Jango não vão servir pra mim.

BELA

As de quem, então?

VALENTE

Não sei, Bela. Nem sei se... *(T)* Vou deitar, Bela. Até amanhã.

Bela ainda fica acordado. Lê e fala em voz alta.

BELA

A fala do presidente terminaria com a afirmação dos propósitos inabaláveis de lutar não apenas pela reforma agrária, mas pela reforma tributária, pela reforma eleitoral ampla, pelo voto do analfabeto, pela elegibilidade de todos os brasileiros, pela pureza da vida democrática, pela emancipação econômica, pela justiça social e pelo progresso do Brasil. Jango. João Goulart. (Lendo um outro artigo) *Jango se preparava para jantar a Democracia. A Democracia, no entanto, almoçou Jango* Armando Falcão. Falam de mim, eu sei. Mas, eu sei também que ninguém é normal. Ninguém é.

MELCHIOR

Nem o Getúlio, que é o Getúlio, é!

BELA

Desculpe, não tinha visto você.

MELCHIOR

E agora? Está?

BELA

(Sem jeito) Claro, agora estou. Estava distraído aqui com meus papéis. Você quer alguma coisa? Estão todos dormindo.

MELCHIOR

Já?

BELA

Pois estão. Você pode ver. O Valente acabou de se deitar. Uma pena...

MELCHIOR

Pena por quê?

BELA

Queria conversar mais um pouquinho com ele. Mas, acho que ele não queria, deve ter se aborrecido com essa minha conversa velha, sei lá.

MELCHIOR

(Apontando) Valente é aquele ali? O mais moço?

BELA

(Caindo em si) Você não é amigo deles?

MELCHIOR

Se eu sou amigo deles?

BELA

É ou não é?

MELCHIOR

Mais ou menos. Eu conheço eles de vista. Sempre vejo eles por aqui.

BELA

E o que é que você quer afinal?

MELCHIOR

Eu queria saber... Faz muito tempo que vocês estão aqui? Eu quero dizer... morando todos juntos?

BELA

Ah, faz! Deve fazer um tempão. Desde que aquele ministro, o..., o... baixou aquele decreto do..., da..., do... que proibia a..., a... Eu lembro. Eu cheguei logo depois da Zil e do Zé. Ih, faz tempo, já.

MELCHIOR

(Apontando para Linda) Depois veio o..., a...

BELA

Linda. *A* Linda. *(Pausa)* Mas, por que é mesmo que você quer saber?

MELCHIOR

Eu conheci isso aqui muito diferente. Está um pouco, como é que eu vou dizer?... um pouco deteriorado, talvez?

BELA

Eu sei. Isso aqui não é grande coisa.

MELCHIOR

Posso te fazer uma pergunta?

BELA

Se eu souber responder...

MELCHIOR

Você tem vontade de ficar aqui pra sempre?

BELA

Pra sempre? Eu?

MELCHIOR

Eu quero dizer, você não tem vontade de encontrar um lugar melhor pra morar?

BELA

Melhor? Não. Acho que não. Eu já estou tão habituado a esse canto. Aqui é tão central, tão perto do movimento... e também eu não penso em me separar deles.

MELCHIOR

E por que não? Se existisse um lugar só pra você. Onde houvesse espaço para você guardar todos os seus papéis, seus jornais, onde houvesse mais privacidade...

BELA

Você mora num lugar assim?

MELCHIOR

Não.

BELA

Então do que é que nós dois estamos falando, afinal?

MELCHIOR

De bobagens.

BELA

Você tem um cigarro aí?

MELCHIOR

(Oferecendo um cigarro do maço) É um pouco forte.

BELA

(Aceitando) Alfa? Pensei que esse cigarro nem fosse mais fabricado! Voltaram a produzir é?

MELCHIOR

Parece que sim! O que é bom sempre volta.

BELA

É isso mesmo. *(T)* Quase tudo volta.

Melchior e Zé. Este segura o latão daquele.

MELCHIOR

É batata!

ZÉ

Não... Eu não posso entender... Como é que você pode estar me dizendo essas coisas todas?

MELCHIOR

Eu também não entendia muito bem as coisas.

ZÉ

E agora? Você entende?

MELCHIOR

Nem sei mais se faz diferença entender ou deixar de entender.

ZÉ

Tá vendo? Você não explica nada! Por que o interesse...? Pior! Por que esse conhecimento que você tem de tudo? De mim, da Zil, dos sonhos dela, dos meus infernos?

MELCHIOR
Eu levo vocês. Garanto.

ZÉ
Tá maroto esse papo. Que vantagem *Maria* leva? Tudo isso é papel de bom samaritano... mas, com esse lencinho no pescoço?

MELCHIOR
Zé, o que é que você mais quer?

ZÉ
Eu? Pra mim? É isso mesmo que você tá cansado de saber.

MELCHIOR
Mas, diz. Eu quero ouvir.

ZÉ
O que eu mais quero é ver a Zil em Paris.

MELCHIOR
Isso acontece. É difícil, mas acontece.

ZÉ
Conversa! Isso é papo!

MELCHIOR
Quando é que você resolve? Se você quiser mesmo, vai ter que resolver logo. Isso não é pra sempre. É pra breve.

ZÉ

Até quando?

MELCHIOR

(Entrega o latão para Zé) Eu te procuro.

Bela e Zé jogam dominó. Os outros estão dormindo.

BELA

Ah, Zé, isso é conversa daquele paulista!

ZÉ

Não sei, não...

BELA

Depois que você fez amizade com ele, ficou com essa mania de ir embora...

ZÉ

Não é mania, não senhor. Por que mania?

BELA

Então é o quê? Você só fala nisso. Janta Paris, almoça Paris, dorme Paris... se não for mania... é o quê?

ZÉ

É um plano, Bela. É um projeto.

BELA

Fala baixo. Se a Linda te ouve ia logo te lembrar do que é ser *gente séria* na vida...

ZÉ

Esquece a Linda. Pensa em você. O que é que te prende aqui? O que é que você pode esperar daqui? Aqui acabou.

BELA

Acabou pra você. Pra mim, eu não sei.

Silêncio. Jogam.

BELA

Por que eu? Vão vocês. Você e a Zil.

ZÉ

Não é a mesma coisa. Você tem que ir também. Você não entende? Tem que ir

BELA

Quer saber? Eu tenho é medo! Você não tem?

ZÉ

Ter eu tenho. Quem é que não tem? Tive medo a vida inteira. A maior parte do tempo. E o que é que adiantou?

BELA

(Depois de muito tempo, com muito tato) Mas esse seu medo... era pra quê? Pra viver mais que os outros? *(T)* Pra durar mais?

ZÉ

Vai saber, Bela! Medo é... medo! É mais vontade de não ir do que de ir.

BELA

(Interessadíssimo) E agora? Você não tem mais medo?

ZÉ

Joga!

BELA

Nenhum medo?

ZÉ

De ir, não. Nenhum.
Melchior e Zé no mesmo jogo de dominó.

ZÉ

Eu tô desesperado. Não paro de pensar. Em tudo que você vem falando, na Zil, em Paris, na resposta que eu tenho que dar...

MELCHIOR

(Superamigo) E então...?

ZÉ

A gente precisa conversar mais. Eu tenho uma porção de dúvidas, tô inseguro... Há muito, muito tempo eu não decido nada. Eu descobri isso, Melchior! Faz tempo à beça que eu não tomo, eu mesmo, uma decisão. *(Desconsolado)* Nem sei mais como é que se faz esse troço...

MELCHIOR

Calma, Zé. Você vai ter que decidir, é verdade, mas, calma. *(Guardando as pedrinhas do jogo)* Você vai conseguir. Faz parte do negócio.

ZÉ

Pronto! Já começa você! Você fala de um jeito que fica parecendo, sei lá, um... um pacto! Não fala assim. Fala da parte boa. Me ajuda!

MELCHIOR

O que é que você quer que eu diga?

ZÉ

Da parte boa, caramba! É isso que interessa, meu Deus! De como vai ser bom, de como vai dar tudo certo, de como a Zil vai adorar. A parte boa!

MELCHIOR

Levo vocês. Até Paris. A Paris dela, que ela desejou todos esses anos.

ZÉ

Mas, como? Como???

MELCHIOR

Aí é comigo. Eu é que vivo na contramão.

ZÉ

E eu? Eu vivo no quê? No desvio? No barranco?

MELCHIOR

Eu não sei, Zé. Não sei mesmo. O que eu sei é que não tem trambique. O que é que eu estou te pedindo?

ZÉ

(Depois de refletir) A minha decisão.

MELCHIOR

Esse é o preço. O justo.

Zil está bêbada. Está de quatro. Ela e Melchior engatinham procurando alguma coisa. Às vezes se esbarram, se olham e continuam.

ZIL

(Encarando) Você tem cara de morto. Na boa: tem sim. Cara de morto. De gente antiga. Daquele tempo.

MELCHIOR

Obrigado. Obrigado por ter notado.

ZIL

Você gostou do que eu disse? É?

MELCHIOR

Gostei do que você disse e gostei de você.

ZIL

Obrigada. *Obrigada por ter notado*.

MELCHIOR

Zil, você tem cara de viva. *Na boa*: tem cara de gente viva. Tem sim!

ZIL

Quem sabe eu estou viva... e você tá morto!

MELCHIOR

Ia ser engraçado.

ZIL

Eu gosto de morto, morto. Eu não gosto é de vivo que se faz de morto. É pau à beça. E parece um castigo: eu tô sempre me metendo com esses tipos.

MELCHIOR

Quem sabe...

ZIL

(Cortando) Ih, não vem com esse papo de *os opostos se atraem*, que eu vomito.

MELCHIOR

Eu não ia dizer isso!

ZIL

Ia dizer o quê?

MELCHIOR

Que eu tô começando a achar que você não deve ter perdido o brinco aqui. Deve ter sido em outro lugar. Aqui, eu já olhei tudo: não está, não!

ZIL

Então, o quê?

MELCHIOR

Eu não sei por onde você anda.

ZIL

Tal seria!

MELCHIOR

Deve ter sido em outro lugar, você é que devia saber!

ZIL

Não inventa! Procura aí. Procura, por que esse papo teu tá me deixando desconfiada... Quem me diz que você mesmo já não achou e tá querendo me levar no bico? Hein?

Silêncio

ZIL

É isso mesmo. Vou te dar uma geral. *(Ri)* "Mãos pra cima! Documento! Mão na parede! Perna aberta! Não me encara! Baixa o olho!"

MELCHIOR

(Rindo e obedecendo as ordens) Tô limpo. Tô limpo!

ZIL

(Continua a brincadeira) É só rotina! *(Faz a encenação da revista)* É. Não tem nada, não. Tudo bem. Mas, como tem bolso essa tua roupa, meu chapa! *(Vendo os documentos)* Melchior dos Anjos. Melchior era um dos Reis Magos... Era, não era?

Melchior faz menção de pegar os documentos. Zil segura e continua.

ZIL

Mas, isso aqui é falso!

MELCHIOR

Não. É verdadeiro, sim, senhora.

ZIL

Negativo. Documento serve pra quê? Diz?

MELCHIOR

Pra confirmar que o sujeito existe.

ZIL

E o seu, com data de nascimento em 1910, prova que você não existe.

MELCHIOR

O que é falso.

ZIL

Quem é falso? Você ou o documento?

MELCHIOR

Pra quem acredita em documento, o documento.

ZIL

... e pra quem bebe como eu, você é verdadeiro e o documento... também! *(Pausa)* Você morreu, cara!!!

MELCHIOR

Verdadeiro.

ZIL

(Rindo muito) É brincadeira...? Eu aqui pedindo ajuda pra São Longuinho pra achar o brinco e a fé foi tanta que ele me mandou um auxiliar do além! *(Pausa)* Você é do além, cara?

MELCHIOR

Não do staf de São Longuinho. Nunca cruzei com ele, mas tenho ouvido falar dos seus prodígios.

ZIL

São Longuinho é muito popular. E poderoso. Quem tem alguma coisa a perder, em geral, é devoto de São Longuinho... E você? Tem muita coisa a perder?

MELCHIOR

Acho que também já perdi quase tudo.

ZIL

E o que é que você tá procurando, *morto*?

MELCHIOR

A hora. A minha hora.

ZIL

Hora, *morto*? Vem cá, perder a hora é atraso!

MELCHIOR

Dizendo assim fica engraçado. É que todo mundo tem uma hora... e acho que eu perdi a minha vez.

ZIL

Vamos e venhamos, *morto*! Perder a vez? *(Rindo)* Deve ter sido um porre federal!! Hein? Eu que bebo desse jeito só consegui perder um brinco. *(Mostrando a tarracha)*. E olha que eu já achei a tarracha!

MELCHIOR

Mesmo? Agora só falta o brinco em si...

ZIL

Não me goza não, *morto*!

MELCHIOR

Vem cá, Zil, você não acha que a gente podia continuar essa *busca* num outro dia? As minhas costas estão em frangalhos e eu também não estou enxergando mais nada.

ZIL

Por isso não! A gente acende uma vela.
Acende uma vela e dá pra ele ficar segurando.

ZIL

Segura a vela aí, *morto*! Segura, mas ó, não deita! Pelo amor de Deus! Vai que... Pode ficar sentado. Só levanta a vela assim, pra eu continuar procurando.
Melchior obedece mais uma vez e fica em silêncio observando Zil. Ela acaba se acomodando, esquecendo do brinco e dormindo. Melchior apaga a vela e sai.

Melchior e Linda entram juntos. Zil está jogada no mesmo canto. Durante a cena Zil se mostra indiferente à ação, mas troca olhares cúmplices com Melchior.

LINDA

Ainda está aí, Zil?

ZIL

(Olhando nos olhos de Linda, significativa) Vou te dar mais uma chance. Você entra de novo , olha pra mim, me vê aqui. Aí então, se você quiser, você pergunta se eu ainda estou aqui. Que tal?

LINDA

Pensei que você já tivesse ido atrás do Zé... Pensei que estivesse nas cantinas.

ZIL

Pois é assim... a vida é uma caixinha de surpresas mesmo... *(Olha pra Melchior)*

LINDA

(Se adiantando) Deixa eu te apresentar! Esse aqui é um amigo meu. Melchior, Zil! Zil, Melchior!

ZIL

Melchior, é? Prazer.

MELCHIOR

(Que foi até ela e estendeu a mão) O prazer maior é meu.

ZIL

Isso é o que veremos com o tempo...! E vocês? Vão só *dar um tempo* ou é pra passar a noite toda?

LINDA

(Para Melchior, sem jeito) A gente ainda não falou sobre isso... Aliás, nem é por isso que nós viemos pra cá. Imagina...! nem me passou pela cabeça... Cada idéia!

ZIL

Sei. Você veio só mostrar o imóvel.

LINDA

Vim mostrar a minha fita pra ele.

ZIL

Certo. Esse filme eu já conheço. *(Vai se ajeitando no seu canto como se fosse tirar um cochilo)* Vocês fiquem à vontade! *(Para Melchior)* Você vai gostar. É muito boa essa fita. Boa mesmo, de primeira! *(Se ajeita, mas continua ligada na conversa e em Melchior)*

LINDA

Eu fico até meio sem jeito... Sabe... Eu tô muito comovida com a tua atenção, com todo o interesse. Queria muito que você viesse até aqui, que conhecesse tudo... E agora, você está aqui e eu fico... sem graça, sei lá. Fica parecendo bobagem toda essa excitação minha... tirar você do seu caminho... afinal por um motivo tão...

MELCHIOR

Eu gostei de ter vindo. Estou gostando de estar aqui. Não tem por que ficar embaraçada. Bobagem.

LINDA

Eu sei. Mas eu tô. Tô com vergonha.

MELCHIOR

Vergonha de mim?

LINDA

Ah, de você, sim! E de mim também. Que idéia! Nem tem tanta importância assim. No fundo, não tem!

MELCHIOR

(Concedendo) Você é quem sabe. Fica à vontade. Se você não quiser, eu vou entender. Quem sabe, um outro dia?

LINDA

(Se enchendo de coragem) Não!!! Eu quero te mostrar, sim! Quero que você veja, sim! *(Começa a procurar a fita)* Tá aqui! Está tudo aqui. *(Esconde atrás e brinda)* Que mão você quer?

MELCHIOR

Essa! *(Bate do lado esquerdo)*

LINDA

(Mostrando a mão direita com uma fita de vídeo) Errou!

MELCHIOR

(Brincando também) Então... fica para uma outra oportunidade!

LINDA

Nada disso, mocinho! Tarde demais.
Linda começa a acariciar a fita.

MELCHIOR

O que é que a gente faz agora?

LINDA

Pega nela.

MELCHIOR

(Obedecendo) A gente vai assistir como?

LINDA

Você não acha que eu tenho um aparelho de vídeocassete aqui, acha?

MELCHIOR

(Olhando à volta) Sinceramente? *(T)* Não. Não vejo nenhum fio, nenhuma tomada... Quer saber? Acho que não.

LINDA

Pois então, você vai ter que confiar em mim.

MELCHIOR

Estou pronto. Quando quiser.

LINDA

Comigo. Esse foi o meu melhor show. O melhor. Eu estou com um vestido fúcsia. É paetê importado. Todinho de paetê. E eu começo com um texto do Pessoa. Do Fernando Pessoa. Sério. Um texto supersério. Depois... o fado. Um fado castiço!
Linda canta o seu fado. Zil tá sentada e, com alguma discrição, observa Melchior e o canto de Linda.

LINDA

Eu me emociono ainda...

MELCHIOR

É muito bom. Muito bom, mesmo.

LINDA

Esse é o trecho mais bonito de todo o show. Da fita toda, esse é o melhor.

MELCHIOR

E o resto?

LINDA

São outros números. Com outras colegas. Tem uma coreografia que eu solo e dublo em alemão que eu também gosto muito. Mas não é como o fado. Esse fado eu não me canso de rever. Não canso.

MELCHIOR

Eu também vou querer ver de novo.

LINDA

Quando você quiser. Você sabe ouvir um fado.

MELCHIOR

Você me empresta a fita?

LINDA

Só se eu for junto!
Riem. Melchior está de saída. Vão se despedir.

ZIL

Já está indo?

MELCHIOR

Já.

LINDA

Mas, ele volta. *(Para Melchior)* Você volta, não volta?

Melchior beija a fita como se fosse um santinho e entrega com alguma solenidade para Linda, que fica encantada. Sai em silêncio. Linda acompanha com os olhos até ele sair completamente.

LINDA

E aí?

ZIL

(Convicta) Ele volta! Se volta!

Linda fica olhando a fita ainda, meio sonhando ainda.

ZIL

Linda, vai guardar a fita, vai!

LINDA

O que é que você achou dele, Zil?

ZIL

É um sujeito que gosta de fados.

LINDA

Você notou? Ele tem fado na alma também. Você sabe, não é qualquer pessoa que percebe o fado.

ZIL

Só quem tem saudade.

LINDA

Só! Só quem perdeu. Quem não tem mais.

ZIL

Escuta, e que apito ele toca afinal? É todo cheio de saramaleques, de rapapés...

LINDA

Ah, não sei direito.

ZIL

Não sabe, não sabe, ou não quer me dizer?

LINDA

Não sei, não! Só sei que eu quero ver ele mais uma vez.

ZIL

Você vai ver, claro que vai! Descansa!

LINDA

Você não gostou dele.

ZIL

Gostei sim. Por que é que eu não ia gostar?

LINDA

Então... gostou demais. Mais do que devia.

ZIL

E eu sou de ter *gostômetro* pra saber se estou gostando demais ou de menos?? Linda, nos meus olhos! *(Linda e Zil se olham nos olhos)* Gostei que você gostou dele: é esse o tanto que eu gostei dele, se é isso que te preocupa. Gostei o bastante. Tá bom assim?

LINDA

(Ri sem graça) Você me faz sentir boba. Esquece o que eu disse.

ZIL

Tá. Esqueço sim. *(T)* Mas com uma condição. Você me ajuda a cerzir umas meias? Eu estou sem coragem de começar. Odeio cerzir, remendar!

LINDA

Dona Moça também sabe apelar! A gente não pode descuidar que ela já joga um balaio de costura em cima da gente!

ZIL

Me ajuda, vai! Eu fico te devendo essa. Depois, quem sabe?, eu te ajudo a lembrar uns poemas do Pessoa.

LINDA

Jura que você tá lembrando? Jura?

ZIL

Uns pedaços...

LINDA

Lembrou mesmo ou tá me embromando?

ZIL

Pega as meias pra cerzir?

LINDA

E você me ajuda nos poemas?

ZIL

Feito!
Zil traz o cestinho de costura.

ZIL

Capricha, hein? O bom cerzido-como o bom bordado-é pelo verso que se conhece!

LINDA

(Pegando a costura) Eu não acredito, Zil! Você é de lascar!

ZIL
Obrigada, Lindinha!

LINDA
Mas, é pra te ajudar ou é pra fazer tudo sozinha?

ZIL
Você está vendo... só tem uma agulha!

LINDA
...que gentilmente você me cede!

ZIL
Eu vou falando os poemas agora, enquanto eu me lembro. E enquanto você costura. Tá bom pra você assim?

LINDA
Tá. Assim, tá.

ZIL
Viajar! Perder países!
Ser outro constantemente,
Por a alma não ter raízes
De viver de ver somente!
Não pertencer nem a mim!
Ir em frente, ir a seguir
A ausência de ter um fim

E da ânsia de o conseguir!
Viajar assim é viagem.
Mas faço-o sem ter de meu
Mais que o sonho da passagem.
O resto é só terra e céu.

LINDA

(Que adorou) Filha da puta! Sabia inteirinho! E até hoje não tinha me passado esse!

ZIL

(Brincando) Claro, minha filha! Se não eu não ia ter com o que negociar com você. A gente precisa aprender a administrar essas coisas!

LINDA

Viadinha. Pode começar a repetir até eu pegar.

ZIL

OK. Esse é o jogo. *Viajar! Perder países!*

LINDA

(Rezando, se esforçando para memorizar)
Viajar! Perder países!

ZIL

Viajar! Perder países!
Ser outro constantemente,

LINDA

Viajar! Perder países!
Ser outro constantemente,

Vão repetindo os versos bem baixinho e enquanto Linda costura, Zil vai dobrando e arrumando as meias. Chega Valente.

VALENTE

Escuta aqui, Zil. Eu tô precisando ter uma conversa com você.

ZIL

(Interrompendo o poema, mas com jeito) Agora não dá! Não tá vendo que eu tô passando o poema pra ela?

VALENTE

(Impaciente) Vai demorar?

ZIL

Depende da quantidade de fosfato que ela anda metabolizando. Não dá pra saber assim... só de olhar!

VALENTE

É que eu tô puto! Eu não quero ficar aqui parado. Eu quero é ir embora. Não quero ver ninguém. Só quero dar uma palavrinha com você.

ZIL

(Olhando para Linda e Valente) Como é que eu faço? Vocês decidem.

VALENTE

Como é que é?! A Linda é que decide?

ZIL

A Linda, não. Vocês dois.

VALENTE

Não inventa, Zil. Eu só quero um minuto. É muito? Depois você cuida da poesia dela. Até lá você não vai esquecer.

LINDA

(Meio de saco cheio) Cuida do menino, Zil. Espia, isso tá que é só aflição!

ZIL

Tá. O que é que houve, Valente? Que que é essa afobação toda?

VALENTE

Eu quero ir embora.

ZIL

Isso não é novidade, nem motivo. Desde que você voltou não fala de outra coisa.

VALENTE

É que eu não quero esperar vocês. Fala com o Zé. Explica pra ele. Você ele ouve.

ZIL

Devagar, Valente. Esperar quem?

VALENTE

Eu queria já ir indo. Vocês vão depois. Mas não! O Zé tá fazendo a maior pressão. Quer porque quer todo mundo

ZIL

Todo mundo? Que todo mundo?

VALENTE

(Se tocando, com jeito) Zil. Eu acho que eu tô estragando tudo... Merda! Vai ver era surpresa... Claro, o Zé tava armando uma surpresa pra você e eu estraguei tudo! Merda! Desculpe, Zil. Como é que eu ia saber?

ZIL

(Para Linda) Você tá ouvindo o que eu tô vendo?

LINDA

Tudinho. Você sabe que eu tenho ouvido de tísica. Quer ficar de segredinho, fica. Mas fica bem longe. Eu ouço tudo.

ZIL

Você sabia ou não sabia?

LINDA

Saber, saber eu não sabia. O Zé, nem ninguém bateu pra mim. Mas eu já estava de *alerta vermelho*. Ouvi qualquer coisa do Bela, não entendi direito. Agora juntando com essa história aí...

ZIL

É verdade então!

VALENTE

Eu não estou te dizendo, criatura?

ZIL

Linda, você está pensando o que eu estou pensando?

LINDA

Paris!

ZIL

Ele quer me levar pra Paris. Meu Deus... que amor. Que loucura! Que mundo! Eu nunquinha que vou entender como as pessoas funcionam. Nunca.

LINDA

Ele tá apaixonado. Batata que tá!

VALENTE

Mas o problema não é esse.
Entram Bela e Zé.

ZÉ

(Para Valente) Bom eu te encontrar aqui. Tive medo. Não ia saber onde te procurar.

VALENTE

Me encontrou por acaso. Nem adianta tentar me levar na conversa. Está decidido. Não espero ninguém, não, senhor. Nem pensar!

ZIL

Calminha. *(Para Zé)* Parece que tá na hora da gente ter uma conversinha.

ZÉ

Eu também acho.

ZIL

Pode começar. Acho também que a Linda deve participar.

BELA

Eu também acho.

ZIL

(Estranhando) Pelo jeito, está sendo um pouco atrasada essa conversa. Pelo menos pra mim!

ZÉ

Desculpe, Zil. Você tá sentindo assim, porque eu não consegui guardar segredo. Era surpresa. A primeira surpresa que eu ia fazer pra você. A maior de todas.

ZIL

Tem muita gente que já enfartou com *surpresa*, sabia?

ZÉ

Mas você ia gostar. Você vai gostar! Vamos todos pra Paris! Para a sua Paris!

ZIL

(Depois de um tempo) É brincadeira...?

LINDA

Zil, se não fosse pelas minhas coisas... O meu show, você sabe? Eu iria sim!

ZIL

Agora é diferente. Antes eu seria capaz de qualquer loucura. Agora...

ZÉ

Eu vou te levar, Zil. Você vai comigo.

ZIL

(Um pouco desanimada) Você não entende.

ZÉ

Vamos juntos! Todos!

BELA

Eu não entendo também. Eu não tenho muita certeza se eu quero mesmo estar lá... eu sei que eu ia gostar de poder ver tudo aquilo. As bibliotecas, os museus, a arquitetura. Mas e aqui? Aqui tem essa efervescência toda, ninguém sabe no que vai dar tudo isso. E eu, pessoalmente, gostaria de saber no que tudo deu. Para onde fomos afinal. Eu preciso estar por aqui quando chegar essa hora.

VALENTE

Objetivando: Eu só vim pegar umas coisas. Pegar e me despedir de você, Zil.
Valente vai procurando as suas coisas.

ZIL

É pra ser objetiva? Sem pânico! Eu vou dar uma saidinha. Vou só oxigenar. Vou dar trabalho pras pernas pra ver se a cabeça descansa.

ZÉ

Eu vou com você.

ZIL

Você fica. Zé, no panic! *(Sai)*

ZÉ

Agora não sai mais ninguém.

VALENTE

Não vem, não, Zé. Eu saio quando eu quiser!

ZÉ

Vamos ver! Bela, você primeiro. Como é?

BELA

É o que eu te digo: eu queria falar com o getulista. Assim, tudo rápido... sem pensar! Você sabe, eu não consigo! Eu preciso de mais tempo que os outros.

ZÉ

Não mais tempo. ??????

BELA

Eu sempre precisei de mais tempo. Você, vocês todos, eu sei, me acham meio *detraqué*! É isso que eu sou mesmo! E pra mim aquele getulista também é! Eu sei que o getulista vai me entender. Deixa eu explicar pra ele.

ZÉ

Então explica pra mim.

BELA

Não judia... Você sabe o que eu estou passando. Eu não sei onde *eles* foram parar. Eu tô abafado.

Ponha-se no meu lugar! Conheço cada um deles, cada recorte!

LINDA

Eu sinto muito, Bela. Imagino o que você está sentindo.

BELA

Como é que vai ser? Não dá pra saber. O que eu sei é que de uma hora pra outra eu fiquei cheio de mãos, de cotovelos, parece que eu *desencaixei*. Tô cheio de tempo... eu tô vazio! Me deixa falar com o Getúlio. Com o getulista!

ZÉ

E se você tivesse os seus jornais de volta?

BELA

Juntei aqueles recortes durante anos...

ZÉ

E se eles estivessem aqui, agora?

BELA

Mas parece que eles estão aqui... parece!

ZÉ

E agora?

BELA

Ah, eu não sei! As coisas, de um jeito ou de outro, nunca esperaram eu entender. O que eu não entendo vai continuando a se complicar, a se desenvolver. Sem mim.

ZÉ

É isso aí, Bela!

BELA

Você entende tudo, Zé? Tudinho?

ZÉ

Só entendo o que não interessa.

LINDA

Não fica assim em cima dele, Zé! Você não vê? Ele está estressando. *(T)* Faz uma massagem nele, vai, olha como está o ombro dele!
Zé começa a massagear os ombros de Bela.

LINDA

Bela Adormecida é assim mesmo. Ninguém que eu conheça com mais de 30 anos tem a cintura escapular em dia. É de lei. A gente vai vivendo e vai virando pedra. Tudo que a gente tinha tão molinho, tão azeitadinho... vai virando pedra.

VALENTE

Deixa eu fazer um do-in no teu pé.

LINDA

Tá tudo no pé.

Linda e Valente se sentam aos pés de Bela e tiram os sapatos dele.

BELA

Não precisa. Imagina... Gente, pára com isso...

LINDA

(Aterrorizada) Como é que você consegue ainda andar com essas unhas??? Parece um papagaio!

BELA

É que a Zil que corta sempre pra mim... e é uma coisa atrás da outra... tanto desencontro!

LINDA

Pois hoje sou eu quem vai fazer isso. Pessoalmente.

ZÉ

(Ainda massageando, volta ao assunto) Tem que ser como ele diz: todo mundo junto!

VALENTE

Essa história é bem complicada, mas, eu não posso deixar de achar romântica.

LINDA

(Cortando as unhas de Bela) Nem fale!

ZÉ

E você?

LINDA

Eu? Eu não consigo nem pensar... Ia ser uma maravilha... Meu Deus... se ia! Eu? Eu de novo? Eu cantando? Gente...! *(Para Bela)* É melhor cortar assim quadrada, né?

BELA

 É. É, sim. Redonda encrava.

LINDA

Mas, eu sei que eles não vão deixar. A gente? Com essa pinta? Dando o fora? Magina! Vão logo é dar um jeito de passar uma chave na saída bem na hora *H*. E ainda não perder a oportunidade de dar uma banana pra gente. Não vão perder a oportunidade de humilhar a gente.

ZÉ

Desculpe ser eu a te lembrar: mas, quem não gosta de ser humilhado, que eu saiba, é *gente séria*!

LINDA

Caguei pra ser *gente séria*, mas isso é diferente! Não é?

BELA

(Apreensivo) Cuidado, Linda, que essa aí encrava sempre!

LINDA

Desculpe. Vou bem devagarinho.

BELA

(Relaxando) É o tal negócio. Quem sabe? Tudo que eu não entendo por aqui... eu posso não entender lá. Posso tentar entender longe daqui. Longe. Quem sabe?

ZÉ

Belas palavras, meu amigo. Belas palavras, Bela.

LINDA

Deixa que eu faço a massagem, Valente.

VALENTE

Eu não entendi, Linda. Você está com medo de ser humilhada? É isso? Deixa de onda. Topa logo! Não tá vendo a aflição do Zé? *(Malicioso)* Se fosse pro Marrocos você ia, não ia?

LINDA

Ih, Valente, coisa mais antiga. Mais *demodée*...

ZÉ

Valente, não engrossa, tá? Não engrossa.

LINDA

Vocês estão vendo quem é que começa! Nem bem eu cheguei a concordar em ir... e já me aparece fariseu pra organizar o meu carnaval!

VALENTE

Não foi de sacanagem, não. Eu falei por que... por que eu achei que no Marrocos, com certeza,

você ia ter o que fazer!! *(Faz o gesto de capar)*

LINDA

Bela, você vai me perdoar, mas eu vou parar por aqui. Com essa energia negativa a minha massagem vai acabar é te deprimindo. O garotão aí não entende nada. O que ele diz não se escreve. O Júnior é só garganta. Perde o amigo, mas não perde a tirada!

VALENTE

Linda! Quer ir, vai! Não quer, não empata!

ZÉ

Devagar! Tem que ir todo mundo!

VALENTE

(Irritado) Já sei, Zé! Já sei!!!

LINDA

(Provocando) Cadê o seu *romantismo*? Alguém está vendo o romantismo dele por aí?

VALENTE

Você já me achou romântico, não achou?

LINDA

Aqui! *(Faz o gesto)*

VALENTE

Então eu sou o quê?

LINDA

Você... você é um arremedo de *gente séria*. É isso que você é. Veio de Woodstock a pé. Aliás, foi e voltou a pé. perdeu a hora na ida e na volta. Quer o quê agora? Ser a vanguarda jovem? Ah, rapaz, tem alguma coisa mais antiga que *vanguarda*? Tem? Só se for *vanguarda jovem*! Ninguém é normal, cara. É isso que a gente tá vendo: ninguém é normal!

VALENTE

Eu vou só pegar o meu caixote e me mando.

LINDA

Que caixote, rapaz? Que caixote?

VALENTE

O meu. O que eu deixei aqui.

LINDA

É brincadeira...? Gente, ouve isso: ele quer o caixote *dele*. 'Produção, rápido, providencia o caixote aqui do candidato a *gente séria*!'

ZÉ

(Preocupado) Que conversa é essa, Valente? Que caixote?

VALENTE

Caixote! Umas tábuas, uns pregos... caixote, pomba!

LINDA

Pomba? Hummmmm.

VALENTE

Linda, quieta, tá bom? Nem um pio! *(T)* E eu tô esperando o meu caixote.

Silêncio

VALENTE

Eu não tô brincando. Eu tô esperando o meu caixote.

BELA

Não, meu filho, não é possível! Que história é essa agora? Não tem caixote seu... Não tem nada disso não!

VALENTE

(Furioso) Vamos ver se não tem!

ZÉ

Mas, eu não tô com seu caixote! Ninguém tá!

VALENTE

Nem vem! Nem vem, que eu não sou bobo! Quem ia se desfazer dele assim? Ele deve estar por aqui. *(Sai remexendo tudo, alucinado)* Pode deixar que eu acho!

LINDA

A Zil vai te matar. Espera ela chegar e encontrar esse pampeiro... ela te esfola!

BELA

Valente, pára! Isso é loucura. Eu te ajudo a encontrar um outro caixote pra você. Vem comigo. Quem sabe nas cantinas a gente encontra um outro...

VALENTE

Nada disso! O que é que há? Tá pensando que eu sou criança? Ele estava aqui, eu deixei ele aqui! Ninguém tinha o direito de ficar com ele. Muito menos de se desfazer dele! Eu acho! Ô, se acho!

LINDA

Queria ver essa valentia toda com a Zil aqui. Este é o Valente.

BELA

(Para o Zé) E agora?

ZÉ

(Pegando o latão) Vamos nas cantinas assim mesmo! E o senhor, é melhor estar aqui quando eu voltar! Tá me entendendo? Você vem com a gente, Linda, que eu não vou deixar vocês dois sozinhos. E Valente pensa! Aproveita e pensa. Você vai acabar se arrependendo desse papelão.

Saem os três enquanto Melchior está entrando.

MELCHIOR

(Depois de assistir ao desespero de Valente remexendo as tralhas todas) Não tá achando, é?

VALENTE

Mas, eu acho! Deixa comigo que eu acho!! Se acho!

MELCHIOR

Posso ajudar? *(Sem resposta)* Como era o teu caixote?

VALENTE

Era um caixote... Um caixote, ué? ninguém mais sabe como é um caixote? Um caixote! Tinha escrito num dos lados, assim na lateral, *manzanas argentinas*. Tinha uma pintura de uma maçã bem grande, meio amarela, com o cabinho e uma folhinha... Um caixote de maçã. Um caixote...! Ué?

MELCHIOR

(Mostrando uma tábua) dessa madeira aqui?

VALENTE

Deixa eu ver. Não. Parece, mas, não é! O meu tava todo lixadinho. Esse aí tem muita farpa, a madeira é ordinária. É caixote de segunda. Você não vê? Isso aí era caixote de verdura. No máximo.

MELCHIOR

Eu não entendo muito de caixote. Entendo de outras coisas. Em matéria de caixote, eu sei que eu deixo a desejar.

VALENTE

Tá. Tudo bem. Agradeço o interesse.

Continuam os dois a procurar.

VALENTE

Escuta, o que é que você está fazendo aqui, hein? é agregado também?

MELCHIOR

Não. Quer dizer, sim e não.

VALENTE

Ih... tá!

MELCHIOR

E pra que é mesmo que você quer o caixote?

VALENTE

Por que é meu.

MELCHIOR

Isso não é motivo.

VALENTE

Vai tomar no cu. Tá bom pra você? Enfia no cu essa conversa mole! No cu. Tá?

Melchior pega num canto a fita de Linda; fica com ela entre as mãos, cantarola o fado que ouviu.

VALENTE

Foi a Linda! Foi, sim! Aquela filha da puta! É gracinha dela!

MELCHIOR

(Guarda a fita e esconde) Acho que eu não posso mesmo ajudar...

VALENTE

E não pode mesmo.

MELCHIOR

Talvez, em outra oportunidade.

VALENTE

(Despachando) Ganha mundo! Vai! Se manda! Agoira estão Zil, Zé e o latão.

ZIL

Fui te buscar nas cantinas por que quis!

ZÉ

Claro.

ZIL

Me deu vontade. Pega as latinhas.

ZÉ

Foi bom. Eu gostei.

ZIL

Ah!

ZÉ

E eu já não tinha dito isso?

ZIL

Não.

ZÉ

Mas eu adorei. Eu disse: *Você por aqui?*, não disse?

ZIL

Disse.

ZÉ

Então? Eu adorei.

ZIL

Tá claro!

Ela está separando a comida do latão em latinhas.

ZIL

É quase tudo *al sugo*! Nem precisava me dar ao trabalho de separar.

ZÉ

(Considerando) Pouco dinheiro...

ZIL

Pouca imaginação, isso sim! Falta estratégia! Me diz, pra que pedir couvert? Por que eles têm medo de recusar o couvert e ofender o garçom?

Afinal, quem é que tem que agradar quem? Tá tudo invertido!

ZÉ

Posso guardar as latinhas?

ZIL

Pode. Deixa ali que é mais fresquinho. O latão, eu lavo depois. Mais tarde.

ZÉ

Quer cigarro?

ZIL

Tem?

ZÉ

(Pegando a caixinha) Um bem pequenininho e dois quase inteiros.

ZIL

Acende a bituquinha.

ZÉ

É filtro branco.

ZIL

Então deixa! Acende o grande.

ZÉ

(Passando o cigarro pra Zil) Você tá tão serena. Tá bonita.

ZIL

A gente é casal mesmo? Eu não sou casal.

ZÉ

A gente é o melhor que tem por aí.

ZIL

Mas, por que é que a gente é casal? Você não gosta de casal. Não gosta de dupla, de comparsaria. E eu não gosto de ter que ser superfeliz!

ZÉ

Não precisa ser superfeliz.

ZIL

Não? *(Apaga o cigarro. Arruma a bituca)* Guarda lá. Eu consigo ser superfeliz quando não tem ninguém.

ZÉ

Eu sei.

ZIL

Com os outros eu também consigo, você entende? Com você é que eu acho espeto.

ZÉ

Eu também.

ZIL

Também o quê?

ZÉ

Acho tudo cacete sem você.

ZIL

E comigo?

ZÉ

Acho um tesão.

ZIL

Vai me dizer que está adorando conversar comigo? Zé! Está?

ZÉ

Quando você fica falando, fica sempre me mostrando como eu sou um bosta! Aí eu não acho tesão coisa nenhuma.

ZIL

Tem jeito?

ZÉ

tem. Eu estou mudando. Por você.

ZIL

Por você?

ZÉ

Também. *(Num outro tom)* Zil, vem cá. Me dá um beijo?

ZIL

Que história é essa?

ZÉ

Tô te pedindo um beijo. Não pensa em casal. Um beijo fora de hora. O beijo seu.

Beijam-se pela primeira vez com cerimônia e paixão.

Estão todos, menos Melchior.

ZÉ

Já somos três. Eu, a Zil e o Bela. Quero saber de vocês. Como é que fica, Valente? Você é o que mais queria ir. E agoira? Vem mesmo com a gente?

VALENTE

Com a Linda, também?

LINDA

Todos. Você ouviu. E todos *sem a Linda*, não é todos.

VALENTE

E o meu caixote?

LINDA

E a minha fita? Não volta pra esse assunto que eu choro. De ódio.

VALENTE

Não fui eu que sumi com ela. Não fui! Você não vai acreditar nunca?

LINDA

Não! Você ficou puto comigo. Tinha certeza que eu tinha garfado o teu caixote... Agora o que é que eu tenho? nem a fita, nem o... ele não apareceu nunca mais!... Nem ele, nem a fita, nem a Zil, nem o Bela, nem o Zé. Ficar aqui pra quê? Pra *refazer o meu lar* com você?

VALENTE

Eu já ia mesmo. De qualquer jeito. Não gosto das condições, mas, aqui também... não tem condição de ficar!

BELA

Isso, Valente! Aqui não tem mesmo lugar pra você. Não era você mesmo que dizia isso a todo instante?

VALENTE

Mas, eu sozinho é uma coisa. Assim, todo mundo junto, não sei não.

ZIL

Você é de lascar, hein, Valente? Tá lutando contra quem? Tá se debatendo todo aí por que? Por que é *jovem*? Por que se é jovem tem que se debater? É isso? babaquice!

ZÉ

Tá na hora.

Começam todos a se *preparar*. Não estão fazendo malas ou pacotes; eles estão se aquecendo, se *encaixando*. É a afinação da orquestra, a concentração da bateria; em alguma parte Melchior tem um caixote *manzanas argentinas*. Cuidadosamente ele também se *prepara*. No caixote ele deposita o amarrado de jornais, o brinco, a fita de vídeo. Ele atravessa o espaço em busca desses objetos sem ser interrompido ou notado. *(Transe)*

LINDA

Tô indo. Não dá pra esperar. É prata... é todo prata... o meu vestido. Esse nunca foi de ninguém. Foi feito pra mim.

Introdução do fado. Melchior passa a Zé uma toalha ou algum pano qualquer que fará as vezes de xale.

LINDA

É agora. Me ajuda, meu Deus...! *Viajar! Perder países! Ser outro constantemente,..............*
De agoira em diante todos estão dizendo esses versos do Pessoa numa só voz enquanto prosseguem na paramentação de Linda.

LINDA

Zil!

ZIL

Aqui. Estou aqui.

LINDA

Valente? Você está aí?

VALENTE

Eu nunca faltei.

LINDA

Estão todos aí?

ZÉ

São centenas, são milhares.

ZIL

Os sapatos!
Bela e Valente calçam um par de sapatos de salto alto em Linda.

ZIL

Zé... vai ser assim?

ZÉ

Zil!

TODOS

(O último verso) O resto é só terra e céu

LINDA

(Que está recebendo o xale) Prontos?

BELA

A cidade luz!

VALENTE

Luz!

O fado evolui para uma música brasileira. Todos cantam.

Quinto império
Cessava
O que fora a divina profecia
Quando na praia descobriu-se
Que era verdade o que não existia
E a promessa se cumpriu.
Salvador
Onde vieram dar os filhos do Senhor
frutos do desejo de realizar
O Império possível.
Um dia aqui chegaram, no lugar
Que não havia mas agora há

Uma gente que não sabe rezar
faz amor, batuca.
Salvador
Onde vieram dar os filhos da aventura,
Frutos do desejo de ser feliz
A navegar na noite escura.
Um dia aqui chegaram, no lugar
Que não havia mas agora há
Uma ilha de calor e luz...
Salvador
Onde vieram dar os filhos da procela
Frutos do desejo de se liberar
Da saudade e em nome dela...
Um dia chegaram, no lugar
Que não havia mas agora há
Preto velho lusitano, na avenida, de cocar!

FIM

Cor de Chá

Cor de Chá

Inverno de 2001

Uma mulher, por volta de seus 40 anos, Urbana, espera em casa e se prepara enquanto espera. Urbana põe a mesa para um chá para dois.

URBANA

(Pegando a alça do bule)

Arre! Tem dia que até coisa que não é elétrica me dá choque!

É, tá bom assim. Um chá. Chá é neutro. Café é muito informalzinho. Fica prosaico demais aquele negócio que não termina: *aceita um cafezinho?, trabalho nenhum, só se já estiver feito, acabei de passar, acabei de tomar, é só pôr uma água pra ferver, se não for incomodar..., eu já ia passar mesmo*. Já vai me dando vontade de botar umas moedas na mão da criatura que não me ajuda e despachar ela para um café numa padaria bem longe. Chá é melhor. A garrafa térmica com água pelando de quente até a boca, o bule, a louça... tudo à mão. Nenhum trabalho.

Talvez eu não devesse ter posto tudo na mesa com antecedência. Parece que eu estou recebendo para um chá. E para receber para um chá está muito mixuruca. Garrafa térmica, esses biscoitinhos maisena... Eu vou tirar os biscoitos.

(Tira o pratinho de biscoitos e contempla a composição)

Acho que vou tirar também a outra xícara. Essa xícara vazia, sozinha, ao lado da outra com chá fica uma coisa muito triste. Se fosse um quadro iria se chamar *A Ausência*. Ou *Tarde de Solidão.* Péssimo, a xícara sai.

(Tira a xícara)

Deixo só a minha.

(Analisa)

Ficou bom, muito bom. E se fosse um quadro já iria se chamar *Chá*. Não esconde nem revela nada, só significa. Uma coisa substantiva. Como eu.

Ainda tem tempo. Parece que eu estou aflita, mas não estou, não. Estou respirando, ó! E estou respirando até embaixo que eu não sou besta. Se ficar respirando só aqui em cima é a maior bandeira de ansiedade. Estou sentido o diafragma subir e descer, subir e descer. Prefiro essa barriga dilatada àqueles ombrinhos travados de gente ansiosa. Ansiosa e desinformada.

Eu falava para soltar aqueles ombros, para não respirar só em cima. Você acha que me ouvia? Claro que ninguém acha que alguém fosse me ouvir. Eles acham que tem a vida inteira para escangalhar que não tem problema. Eu tenho pra mim que isso piorou muito com aqueles joguinhos. Chega a me subir um calafrio quando ouço, em qualquer lugar, criança gritando: *Perdi uma vida! Só tenho mais quatro!*, *Perdi outra vida! Merda! Só tenho mais duas vidas!*. É uma coisa muito edificante mesmo! Toda aquela educação construtivista, aquela papagaiada de criança *enquanto indivíduo*, de *texturas* e a criança se desenvolvendo e sendo avaliada. E sem a elementar noção de que a vida é uma só!

Se eu lembrar, quando eu morrer, minhas últimas palavras serão: *Merda! Perdi uma vida!*. Fica aquela impressão de que eu saí jogando lá do outro lado. Tomara que eu me lembre. Se bem que se eu não sair dessa vida dizendo: *Ufa!*, já posso considerar que foi uma saída bem elegante.

Não é verdade que eu fique pensando na morte. Não acho que ela esteja tão perto. Nem acredito que esteja tão longe que não possa me ver de lá. E esta distância respeitosa tem construído uma convivência de boa vizinhança, sem muita intimidade e com bastante cerimônia.

Eu não tenho nem cinqüenta anos e tenho, já há muito tempo, umas coisas de gente velha. Não digo manias que mania é coisa para quem pode manter ou pra quem mantém quem ature. Coisa de velho que eu digo que eu tenho é, por exemplo, pensar que secretária durante muito tempo não era a eletrônica. Secretária era uma escrivaninha. Quantas vezes, quando pequena, eu não ouvi: *Pega na secretária, guarda na secretária, deixa na secretária*. E não eram recados numa memória, eram objetos num móvel. A secretária ainda existe. Está comigo. Ela fica no escritório e só eu a chamo de secretária. Mais por teimosia, para não deixar ela se degenerar em escrivaninha, mesa de trabalho, mesinha, armário, estante, troço. Traste. Essa volúpia de quem chega de querer mudar o nome das coisas e das ações eu posso até entender, um pouco. É um modo, um pouco selvagem, de dizer que aquilo é deles. Não só deles, mas, mais deles agora que eles rebatizaram. Quando a coisa velha ganha com mais cor, com mais brilho, com mais humor, seu nome novo automaticamente resiste e fica. Geladeira! Geladeira é ótimo. Muito melhor do que refrigerador. A língua tem que apanhar para aprender quem é que manda. Manda quem fala, claro. Se bem que ela andou apanhando tanto que nem quem batia estava se entendendo mais. Quem bate agora, diga-se de passagem, não fala. Ao menos comigo, não fala. É uma coisa absolutamente *tipo-assim*. Esses nossos novos estrangeiros parecem que estão procurando uma palavra para completar um raciocínio – completar é exagero – para começar um raciocínio. Mas não estão. Já encontraram: *tipo-assim*. E por aí ficam, como se tivessem inventado uma nova língua do pê. *Eu queria-tipo-assim, comprar-tipo-assim, uma sandália-tipo-assim, atenção para a regra:* tipo-assim *vem sempre antes de verbo no infinitivo! - pra tipo-assim-sair.* Eu fico pensando se ele quer mesmo que eu entenda ou, como na língua do pê, ele está falando em código justamente para eu não manjar? Mas, considerando que estamos só os dois, eu sei que ele deve ter intenção de se comunicar. Mais do que isso, ele tem o propósito de se profissionalizar, já que todos vão tipo-assim-fazer faculdade de tipo-assim-Comunicações. Não consigo imaginar os jornais, as tevês, as rádios, os teatros... Não consigo. Nem tento.

Eu, por acaso, fiz Comunicações. Mas, no meu tempo... Merda! Falei!

(Começa a fazer abdominais).

Vai pagar dez abdominais, burra!

(Paga as dez).

Eles podem até me levar para um asilo, eu vou. A barriga pode estar solta, desarranjada, mas o abdome vai estar definido.

Eu não sei precisar quando, mas o fato é que aconteceu. Na régua do tempo da história, nasceu um grosso risco vermelho. Depois disso passou a haver o tempo deles e o meu tempo. Eu sei que não devo falar no meu... Não falei! Não falei! Mas continuo a imaginar esse traço vermelho. Até aqui, daqui pra lá.

A primeira vez que um deles me chamou de histérica eu tive gana de abrir um atlas de anatomia, um livro de história natural, quis dissecar um cadáver e mostrar onde fica a histeria! Histeria nasce no útero! E eles estiveram lá. Que a única função deste aqui foi salvá-los, foi guardá-los. E que se agora está causando distúrbios é porque alguma merda eles fizeram por lá!

Mas eles são eles e eu sou eu.

(Bate com os olhos na mesa e avalia)

Estou achando que está faltando xícara. Vou por mais uma. Ou duas.

(Põe três xícaras)

Eles estão gostando mais de português. Da língua portuguesa. Talvez seja moda. Já ouvi anúncio de hambúrguer ensinando concordância nominal. Caguei.

Ai! Esta merda de garrafa térmica está dando choque, mesmo!

Útero... eles não gostam de pensar nisso – eu também não gostava – mas a única coisa que

justificou a sua existência foram eles. Para que útero, ovários, trompas de Falópio, anos de menstruação antes e depois deles? Parece tão claro, tão cristalino...

(Olhando o relógio de pulso)

Será que meu relógio parou? Que coisa mais antiga relógio parar, relógio atrasar, adiantar... Eles nem imaginam que a gente tinha que dar corda no relógio todo dia. Relógio bom tinha que ter uma coisa que eu nunca soube o que era: 17 rubis. Eles hoje têm que ter uma bateria. Só. São de plástico, de aço e, agora sim, trabalham de graça e por conta própria.

A Rita Lee é mais velha do que eu. E continua sendo. Todas as outras que eram mais velhas, hoje, não sei como, são mais novas do que eu. Bateram nos quarenta e não conseguiram ultrapassar. Ficam batendo e voltando. Batendo e voltando. Não passam dos quarenta.

A natureza não dá ponto sem nó. Não foi à-toa que ela escolheu a frente da cabeça para colocar os olhos. Porque assim a gente só vê a própria imagem por um ato de vontade. Se os olhos não fossem só dois? E se ficassem, por exemplo, nas mãos? Seríamos todos obrigados a nos ver o tempo todo e por todos os ângulos. Com passar dos anos, eu posso garantir que isso não seria bom. Eu acho muito mais saudável e ameno ter uma vaga noção do próprio rosto do que uma memória fiel e constantemente atualizada. Prefiro o choque esporádico de entrar num daqueles elevadores com luz fria e branca, que vem de cima distribuindo sombras, e que reflete no espelho aquela figura assustada e travada que, há quem acredite, sou eu. Não é só na vida da Blanche du Bois que os espelhos se tornaram menores, as luzes indiretas, os filtros difusos. Isso não é feng shui, não. Automaticamente vai acontecendo. Os próprios olhos começam a pedir mais distância deles mesmos para poderem se encarar em um reflexo. É natural.

A imagem que eu tenho de mim mesma ninguém pode dizer que seja uma memória. Auto-imagem nunca foi auto-retrato. É muito mais uma combinação feliz de fragmentos que me agradam. Ou que me agradaram um dia. E essa minha composição cubista só é contrariada nesses malditos elevadores ou em algum inóspito provador de roupa.

Com a memória também é assim. A memória não trai. Simplesmente a memória nunca teve nenhum compromisso com a realidade. Não se armazena realidade na memória. Na memória a gente só guarda o que é capaz de reconhecer. Não posso guardar um diálogo em latim, não posso guardar lances de uma partida de beisebol. A minha memória é um órgão de digestão de realidades. Uma vez a minha irmã me disse que se eu resolvesse escrever as minhas memórias seria o primeiro caso de uma autobiografia não ser autorizada. Fomos criadas na mesma casa, na mesma época, pelas mesmas pessoas e não temos nem a mesma história e muito menos a mesma memória do que foram aqueles tempos. Comemos a mesma comida e o meu sangue e o dela contam duas vidas diversas. Além de tudo somos mulheres. Homens usam os olhos como arremessadores de setas, têm o olhar focado. Eles olham o centro das coisas. Nós, não. Nosso olhar é solto. Nossos olhos passeiam por tudo, lambem os cantinhos, passam sugando impressões. A gente não elimina o que não é foco, como os homens. Em nós, tudo o que não é foco significa o foco.

Eu sei que sou bem assim e vivo com medo de me perder. O mundo é cheio de focos que tem que ser bem focadinhos para que ele funcione. Tenho medo de perder o tal foco. Tenho medo, às vezes, de nem saber qual é o tal do foco. É para me ancorar que eu escrevo, eu anoto, eu faço tantas listas, tantos bilhetes. E nunca jogo fora. Quem sabe alguém, algum dia, me peça um comprovante material da minha realidade? E vou ter lá, bem guardado na secretária, um papelinho velho qualquer provando que é tudo real.

Não é prático ser mulher. Sei que é necessário, não discuto, é bonito. E também é tarde demais para trocar um dos dois X que recebi por um determinante cromossoma Y. Mas prático, definitivamente, não é. Ter que viver com a minha memória aleatória, com meu olhar sem foco, com meus alucinógenos hormônios e ter todo ano que fazer declaração para o imposto de renda? Quem pode acreditar nesse personagem? O leão? A Receita Federal?

Eu não acredito que eles tenham esse tipo de conflito. Ser homem, ser mulher... eles são eles! Ser eles é mais que tudo. Tem sido assim e deve ser bom que seja assim. Eles se sabem imortais. Sabem que nós somos os mortais, e que muito provavelmente eles vão ter que nos ver morrer. Natural que eles tenham que se acreditar imortais para que a roda gire.

Eu já começo a poder ter medo de ser alcançada por alguma doença degenerativa. A Terra, que é a Terra, nunca antes hospedou tantos macróbios quanto agora. Nem ela se acostumou à idéia de nos carregar por tanto tempo. Eu me coloco no lugar dela e fico pensando: *Os que já viveram não vão mais parar de viver? Vão ficar vivendo mais e mais, cada vez mais?* Vamos, sim! Ah, dona Terra, aqui na superfície tudo se renova, se recicla. Não estou falando de papel, de vidro, de latinhas

– que isso eu me cansei de separar para depois saber que eles juntavam tudo de novo e jogavam no lixão. O que se recicla aqui são as relações. Os maridos, as mulheres, as mulheres dos maridos, os maridos das mulheres dos maridos. Pois eu não tenho um sobrinho que tem irmãs que não são minhas sobrinhas e que, por sua vez, têm irmãs que não são nem meias-irmãs do meu sobrinho? Parece mais uma daquelas charadas *quem sou eu?*, daquelas bem antigas.

No fundo a gente sabia que esta rede estava se armando. Já saber se é bom ou se é ruim eu não

preciso saber agora. Talvez eu nem vá saber ao certo. Mas sei que dei minha contribuição involuntária e agora não há mais nada a fazer. Se bem que a esta altura meus recentes relacionamentos e eu mesma já somos puro reaproveitamento de material orgânico. Todos já tivemos um casamento aqui, outro ali, um filho aqui, outro lá. Não foi a gente que inventou a produção, a reprodução independente? Esse modelo novo era para ser uma coisa simplesinha e acabou sobrando mãe, sobrando filho, sobrando pai, sobrando irmão. Tudo assim meio solto e com um pouquinho de raiva. Raiva de se chamar Brisa do Brasil, raiva de a filha querer casar virgem e morar em Miami com a família do pai que nunca deu bola para ela, raiva da mulher do pai que não contava com uma enteada mais velha do que ela. Raivas variadas.

Essas raivas, pelo menos, nós não vamos mais provocar. São raivas fisicamente improváveis de se repetir.

Eu não sei o que eles queriam, mas estou certa de que decepcionamos a todos. Com boa intenção? Tenho certeza de que eram as melhores. Eles, por acaso, nos seguem, nos têm como modelos? Que esperança! Eles nos negam não com um novo modelo ativo, mas com um traço. Com uma tarja onde se pode ler bem claro: experiência reprovada – não reproduzir.

Será que algum de nós entende perfeitamente o que se passa conosco? Nós deveríamos ser como aqueles macacos da experiência em que todos tentam resolver um problema e no instante em que um deles consegue, automaticamente, todos os outros aprendem a mesma solução.

Nós, humanos maduros, ficamos cada um em sua célula tentando tirar os véus deste mistério que é o que se passou, o que é o que está se passando. Eu me pergunto se é assim mesmo. Se, de fato, existe mais alguém embatucado nessas tramas.

Eu fui vivendo e fui tecendo uma trama que eu não via. Nesse tecido, que eu ainda não vejo, fui puxando um pouco a trama, um pouco a urdidura sem um desenho conhecido para reproduzir. Essa tapeçaria tem pontos irregulares. Regiões de pontos apertados, regiões tão esgarçadas que se pode ver o outro lado. Tapete e tapeceira são uma e a mesma coisa: eu mesma, minha vida e minha obra. Não há distância suficiente para poder contemplar o resultado. Não posso me afastar porque não há mais fio que nos una e jamais nos reencontraríamos. Eu poderia cometer o erro fatal de acreditar que qualquer outra tapeçaria fosse a minha, e então a minha verdadeira vida e o meu trabalho em vivê-la estariam perdidos. E talvez eu nunca viesse a descobrir esse engano.

Passei a vida então apalpando, retorcendo, alisando, querendo adivinhar o sentido do que foi feito. Não o da época em que foi feito. Procuro sentido hoje naquilo que foi feito há tanto tempo com tanta intenção e que eu não lembro.

Reconheço em mim no mínimo duas: a que preparou este futuro e a que se intriga com o presente que recebe.

Enquanto eu ainda me encantar com os pontos, enquanto eu ainda suspeitar de algum desenho que possa se completar, eu saberei: está confirmado, eu estou viva.

E é indispensável estar viva e com boa aparência para poder entrar em um shopping e numa só manhã poder tocar toda a infinidade de texturas que existe no meu planeta. E quem sabe, com sorte, pressentir mais um pequeno trecho de desenho.

Eles, é claro, figuram no meu tapete. Eu não cheguei a desejar ardentemente ser o grande medalhão central no deles, mas, bem lá dentro, eu tenho muita vontade de ter um destaque, sei lá. Estar numa cena engraçada, ser uma cor que briga, ser um pincelada de cor de chá num fundo escuro. Como eu também tenho vontade que eles descubram logo que a vida é uma e só uma tapeçaria.

Mas esses são desejos muito secretos. E como é próprio da natureza dos desejos nunca se saciarem, não há nada que eu possa fazer.

(Som de campainha de telefone. Urbana responde sem usar nenhum aparelho)

Pronto!

...

Ela não vai subir?

...

Eles estão com pressa, é?

...

É, a essa hora não tem mesmo como parar.

...

Já estou indo.

(Som de telefone desligando. Urbana se ajeita, confere *a ordem da casa, da mesa.)*

URBANA

(Para a platéia) Eles têm pressa.

(Urbana pega a garrafa térmica e fica com ela junto ao corpo. Vai sando do palco em direção à saída para a rua)

É a minha carona... a última... É.

B.O.

FIM

Plantonista Vilma

Plantonista Vilma

Outono de 92

Vilma é uma plantonista do serviço de atendimento telefônico *Você não está só!*. Ela recebeu treinamento para isso, usa algumas frases-padrão e tenta quase sempre fazer companhia e confortar quem procura o serviço.

Muitas de suas falas são a repetição do que acabou de ouvir do outro lado da linha.

Ela usa uma cadeira giratória e um headphone. Assim, ela tem mobilidade para se deslocar pelo palco e as mãos sempre livres.

VILMA:

Você não está só!, plantonista Vilma, bom dia! Pode falar, estou ouvindo.

...

Você acha que ele tem outra...

...

Tem certeza que ele tem outra...

...

Mas você pode estar enganada.

...

Não, não disse que você está *sendo* enganada! Estou dizendo que pode ser um engano seu achar que exista outra pessoa. Pode ser uma precipitação sua. Todo relacionamento amoroso passa por fases. Por altos e baixos...

...

Sei...

...

Você tem certeza...

...

Você viu?!?

...

Duas bailarinas turcas e um japonês!?!

...

Sei...

...

Mas podiam não ser turcas... podiam ser árabes, egípcias...

...

Você não confunde nunca por que você é libanesa...

...

Sei... o sangue... Ele também é libanês?

...!

Não! O japonês não é libanês, isso eu sei!

...

Claro, entendi. O japonês é japonês, você é libanesa e as bailarinas turcas, tá claro!

...

É. É desagradável, sim.

...

E não está sendo fácil para você, não é?

...?

Se *eu* já fui traída?

...

"Isso é importante para você?"

...

Tá... Digamos que algumas vezes.

...?

Não! Não cheguei a ver.

...

É verdade, seu caso é muito pior que o meu.

...

Você tem razão, o meu não é nada, acontece com qualquer um.

...

Sim, eram mulheres.

...

Ah, é muito melhor! Eu prefiro. É muito menos humilhante.

... ?

Não sei dizer com certeza, mas acho que eram brasileiras, sim. Se bem que aqui é tudo tão misturado, né? Mas acho que deviam se brasileiras.

...

Perto do seu caso o meu não é nada mesmo. Você tem razão. Foi uma bobagem.

... ?

A minha idade?

...

Isso é importante para você?

... !

Trinta e... Trinta!

...

Trinta! Eu disse trinta! Não disse *trinta e ....* Disse trinta.

...

Disse trinta, sim! Pra que é que eu ia mentir? E você?

...?

É importante, sim!

...

Não quer dizer, tudo bem. Afinal o que é que isso tem que ver com o seu caso, não é, mesmo? A pessoa pode ter trinta, quarenta, cinqüenta...

...

Setenta e dois anos??? A senhora tem setenta e dois anos? E ele?

...

Não acredito! Estou pasma... Duas bailarinas e um japonês...

...

Sei, elas eram bem mais jovens...

...

A senhora não sabe a idade delas, claro! Imagina se numa situação dessas a senhora ia se preocupar com isso. Mas, apesar desse incidente desagradável a senhora está me parecendo muito bem. Com essa voz enérgica, tão firme, tão clara...

...

Não, em absoluto! Eu não estou fazendo pouco do seu caso! Eu estou aqui para conversar. Para ouvir.

...

A senhora quer que *eu* fale? Bom, o que é que a senhora quer que eu fale? A senhora já conversou com ele?

...

Sei... Vocês não tem diálogo. Isso é muito freqüente em uniões antigas. Mas, às vezes, uma palavra sem rancor...

...

Ele só quer sexo com a senhora???

...

Claro que a senhora não é um objeto só para satisfazer esses apetites, eu concordo com a senhora.

...

Todo dia?? É, todo dia quase ninguém agüenta.

...

A senhora já chegou a queimar o colchão...

...

Agora está picando a roupa dele?

...

Ele picou a sua antes?

...

E onde ele está agora?

...

Amarrado???

...

Dona... como é mesmo a sua graça?

...

Dona Liba... a senhora deve manter a calma... não acender fósforo, interruptor, nada que solte faísca! Dona Liba... Dona Liba... a senhora quer fazer o favor de largar essa tesoura! Calma, Dona Liba!

...

Dona Liba...

...

Sei, a senhora já comentou...

...

Dona Liba, ouve! Que tal a senhora ir até a cozinha – sem acender nenhuma luz!! – fechar o bico do gás, tirar a cabeça do seu marido de dentro do forno, abrir as janelas e aí então a gente continua esse papinho gostoso, hein?

...

Como negociação

...

Fecha o gás e abre a janela?

...

Abre a janela e fecha o gás?

...

Desculpe, não vale! É a mesma coisa. Calma! Não vamos nos descontrolar. Sem descontrole. Dona Liba, respira fundo... Não! Dona Liba, não respire! Eu respiro. A senhora, não! Calma... soltou a tesoura?

...

Então solta! Não podemos ficar nervosas com tesoura na mão. Soltou?

...

Então, tá! Fica com a tesoura e vamos, devagarinho, até a cozinha...

...

Tá, tá! Vamos com a tesoura numa mão e com a outra vamos desligar o gás, abrir bem as janelas...

...

Como com que mão, dona Liba? Com qualquer uma!

...

Eu garanto! Ele vai querer conversar com a senhora, sim. Vai, sim! Quem é que não gosta de conversar com a senhora?

...

Não. Eu tenho certeza de que ele não vai querer nada de sexo com a senhora, não! Agora, não.

...

Falo. Falo com ele, sim. *Se isso for importante para a senhora...*

...

Dona Liba? Dona Liba? A senhora promete? Palavra de honra?

...

Jura? Jura, que eu desligo. Mas, primeiro, jura!

...

Eu vou acreditar na senhora, hein, dona Liba?

...

Mas depois a senhora me liga de novo, mesmo? Ó, vou ficar esperando!

...

Vilma, plantonista Vilma. Agora vai lá! Mas não vai esquecer de me ligar, senão vou ficar pensando no pior.

...

Tudo de bom pra senhora também.

...

Não tem de quê, dona Liba. Imagina! Mas, desliga logo!

...

Outro pra senhora.

...

Anda, dona Liba! Depois a gente se despede melhor!

...

Tá... beijinho!

Você não está só!, plantonista Vilma, bom dia! Pode falar, estou ouvindo.

...

??? Não estou ouvindo.

...

Alô? Dá pra falar um pouquinho mais alto?

...

Não estou ouvindo quase nada.

... ...

?? !! ??

... ...

(Profissional) Eu que você está só, mas que tal nós aproveitássemos a sua ligação para conversar um pouco, hein? Afinal foi para isso que você ligou.

E é para isso que eu estou aqui. Pode falar. Estou ouvindo.

... ...

Não estou entendendo... *como é que eu estou vestida?*

...

Isso é mesmo importante par você?

...

Estou de vestido. Branco. Com um decote canoa. Tem duas costuras na frente que vão até embaixo. Afina a silhueta. Atrás tinha um fecho-éclair, mas eu abai costurando, porque um dia ele quebrou. Dá pra enfiar pela cabeça. Ele vai até... fica uns dois dedos acima do joelho. Simples. Bem simplezinho, sabe?

...

?? Alô?

...

É, Vilma, sim! Sou eu! Pode falar.

...

Vilma, sou eu!

...

Sou eu Vilma, sim! Vocês está engasgado? Eu só ouço *(imitando o masturbador)* Vilma... Vilma... Vilma...

...

Quer que eu descreva o vestido de novo? Ah, não, que bobagem, eu acabei de falar. Não vou falar do novo. Ah, não!

...

Não, não me interessa saber como é que o senhor está vestido.

...

Nem um pouco.

...

Se o senhor quiser falar sobre isso...

...

???

...

Se ficar assim te deixa mais confortável...

...

É Vilma, sim! Eu não vou embora.

...

De onde é que o senhor está falando? O senhor está bem? Sua voz é assim mesmo? Tão rouca?

...

Não estou entendendo quase nada! O senhor não quer ligar outra hora?

...

Para eu ir com o senhor???

...

Você já está indo? Pra onde??

...

Engasgou? Alô?

...

Tem mais alguém com você? Fale comigo! Estão te machucando? Alô?

...

Tá melhor, né? Passou! Tá conseguindo respirar melhor, não é? Fico aliviada.

...

Melhorou a ligação! Estou ouvindo perfeitamente.

...

Não, eu não venho sempre com este vestido.

...

Ah, posso! Posso só descrever o vestido outro dia, sim!

...

O senhor acha mesmo esse vestido muito *bom*?

...

Bom, se o senhor está satisfeito, eu também estou satisfeita. A sua satisfação é a minha alegria.

...

Outro pro senhor.

Você não está só!, plantonista Vilma, bom dia! Pode falar. Estou ouvindo.

...

Quantos aninhos você tem, querida?

...

E a mamãe? Onde é que está a mamãe?

...

Sei.

... ...

Olha, isso é normal, viu? Não fica nervosa, não chora. Toma um banho, se lava bem, relaxa. Não! Olha, antes de relaxar vai no banheiro... quantos anos tem a sua mãe, meu bem?

...

Dá! Ela é jovem. Vai ao banheiro e procura nos armários que ela deve ter um saco plástico do tamanho de um... de um... pirex! Um pirex pequeno...

...

É, é... pirex retangular. Dentro deve ter um... uns... uma espécie de band-aid gigante, de algodão, branco, fofo...

...

É... eles são compridos, têm um papelzinho atrás que descola que nem adesivo de figurinha...

...

Peraí! Alô?

Ela foi procurar! Meu Deus, como é que ainda pode existir mãe que não dá a menor orientação para uma menina que está entrando na adolescência. Eu pensei que minha mãe tivesse sido a última! Porque quando eu *fiquei mocinha* pensei que estivesse tendo uma hemorragia interna, que a minha morte era questão de horas! Já estava pensando em me matar logo, porque eu não ia agüentar ficar esperando morrer. Eu estava cheia de sangue por dentro e ele já estava saindo. Peguei facas, misturei todos remédio que tinha em casa, gilete, água sanitária...

Alô? Achou?

...

Como *só tem OB* ??? Bom... nesse caso... quantos anos mesmo você disse que tinha?

...

Calma, não vamos nos descontrolar. Você faz o seguinte: toma seu banho, pega um OB, tira o papelzinho, bota a perna bem... não! Olha, melhor, não! Tive outra idéia mais legal. Você toma o banho do mesmo jeito, se enxuga bem, faz uma *caminha* de papel higiênico, põe por dentro da calcinha, se veste e vai até a farmácia. Lá você pede *Absorventes Higiênicos*. Não precisa ter vergonha. Se você preferir peça para uma balconista ou para alguma mulher, de preferência um mulher mais velha, que esteja na farmácia. Ela vai te ajudar. Pode ter certeza. Depois, em casa, você abre o saco plástico, pega um absorvente, joga fora a *caminha* de papel higiênico que você usou, e põe o absorvente no lugar da caminha. Entendeu?

...

É... pode ser Modess...

...

Pode ser o da Malu Mader também...

...

Pode ser o da Patrícia Pilar...

...

Pode ser também...

...

Não, o da Suzi Rego, não sei! Acho melhor falar com sua mãe... com alguém...

...

Tá, meu bem, vai tomar seu banho, vai!

...

Um beijinho.

Você não está só!, plantonista Vilma, bom dia! Pode falar, estou ouvindo...

...

Sei... Sei... Sei... sei... sei... sei... sei... sei... sei... sei... sei... sei... sei... sei... Sei... sei... sei... sei... sei... sei... sei... sei... sei... sei... sei... Ahã... Sei. Ahã... Sei... sei... sei... sei... sei... sei... Você comentou... sei...

Você?... sei... sei.... sei... sei... sei... sei... sei... sei... sei... sei... sei... sei... sei... Se eu acho que você tem problema em se comunicar?... Sei... sei... sei... sei... sei... sei... sei... sei... sei... sei... sei... sei... Ahã.... Eu não estou mudando de assunto... sei... sei... sei... sei... sei... sei... sei... sei... sei...sei...

...

Eu não sei... Mas acho que...

Sei... sei... sei... sei... sei... sei... sei... sei... sei... sei... sei... sei...

...

Imagina! Não tem de quê!

...

Se você acha que a nossa conversa foi mesmo útil para você é o que importa! Estamos aqui para isso mesmo. Para conversar.

...

Alô? Alô? Caiu...

Você não está só!, plantonista Vilma, bom dia! Pode falar, estou... Lurdes!!! Tudo bem? Que tempão!

...

Você sumiu, nunca mais ligou lá pra casa. Seu telefone mudou. Você não me deu o novo até hoje...

...

É, a minha vida também é uma correria.

...

Estou bem sim. Tudo indo.

...

Não acredito! Pegou a pós-graduação? Que maravilha!

...

Na Alemanha, mesmo, como você queria? Que sorte! Parabéns!

...

Está vendo? Às vezes, a gente se preocupa à toa. As coisas nunca são tão negras como parecem.

...

É. Não podia estar melhor, mesmo!

...

E a saúde?

...

Graças a Deus.

...

Quando uma coisa começa a melhorar, tudo melhora.

...

Comigo? Tudo bem... Normal, o de sempre.

...

Não. No concurso eu não peguei nada, não. Mas, não há de ser nada. Ano que vem tem outro. A gente vai tentando! Uma hora a gente acerta.

...

Quem?

...

Ah, nem lembrava mais dele.

...

Sumiu também. Não apareceu mais.

...

É. Não tinha que ser...

...

Agora? Agora, eu tô sozinha, sim.

...

Não. Não tem ninguém, não.

...

Não. Ninguém mesmo. Juro.

...

É... tô dando um tempo.

...

Também não estou estudando, não.

...

A bolsa não saiu. Quer dizer, saiu mas eu não peguei. Eram muito poucas e muita gente se inscreveu.

...

Claro. No segundo semestre, eu tento de novo.

...

Não... eu não tô pra baixo não... Você está achando, é?

...

É que eu andei meio resfriada, deve ser isso.

...

Não, nunca mais vi. Não tenho a mínima idéia de por onde anda...

...

Também nunca mais me procurou.

...

Ah! Esse eu encontrei! Faz uns seis meses mais ou menos. Mas perdi contato. O telefone que ele tinha me dado é de uma padaria. Acho que ele anotou errado. Acontece.

...

Namorando firme, é?

...

Nossa, que rápido!

...

Tô bem, sim!

...

Ele vai fazer a *pós*, também?

...

Bolsa de casal, é? Que bom...

...

Se der, eu vou, sim.

...

Como *eu nunca tenho nada pra fazer sábado*?

...

O que é que eu vou fazer sábado? ... tá bom! Eu vou.

...

Não esqueço, não: um ralador de queijo e uma garrafa de gim. Mas, peraí, se vocês dois vão pra Alemanha par que é que vão fazer o chá-bar agora?

...

A família dele deu o apartamento...

...

Você prefere já deixar todo montado... entendo.

...

Eu? No mesmo lugar, ué? Eu gosto, é simples, mas tem a minha cara. Eu posso ficar sozinha. Tenho a minha intimidade, a minha privacidade. Você sabe como eu sou, isso pra mim não tem preço.

...

Já disse que não esqueço: ralador e gim!

...

A gente se vê no sábado.

...

Outro pra você!

A vida é assim. Um dia está tudo uma droga... no outro está um paraíso! Normal. É assim com tanta gente.

Vilma, solta. Solta que é melhor. Você sabe!

(Furiosa) Ai, que ódio! Que inveja! Que raiva! Eu quero matar essa cretina dessa Lurdes! Eu quero ralar essa pessoinha e afogar no gim!!! Pós– graduação na Alemanha e eu não peguei meia-bolsa na porcaria de um cursinho pré-vestibular! Me ligou pra quê? Tá precisando dessa mesquinharia de ralador, é? Não! Ligou pra me dizer com todas as letras que eu não tenho nada pra fazer sábado. Que eu não tenho ninguém pra me acompanhar nessa desgraça de chá! Tenho que levar o presente do chá-de-panela e o do chá-bar!! Eu agüento?

Vilma, por que é que você não falou o que estava sentindo para ela? Não seria bom ter feito isso, já que isso era importante para você?

Na hora, eu não sei o que é importante para mim, caramba. Só depois.

Vilma, entre em contato com o que você está sentindo. Não abafe. Desabafe.

(Mais furiosa) Áááááááááááá!! Eu odeio ser sozinha! Eu odeio não ter amigos! Eu odeio não ter namorado! Eu odeio nunca ter tido orgasmo múltiplo! Eu odeio morar sozinha! Eu odeio comer sozinha! Eu odeio meus pés! Eu odeio não ter ninguém pra contar vantagem! Eu odeio não ter vantagem pra contar! Eu odeio...

(Atende transtornada) Você não está só!, plantonista Vilma, bom dia! Pode falar, estou falando... Quer dizer, pode falar, estou ouvindo...

...

Sei.

...

Só isso?! Isso não é nada, minha filha. Se você soubesse o que é solidão, não estaria aí. Estaria aqui. Dentro da minha pele.

...

Grande coisa! Só por isso eu nem gastava o impulso telefônico. Isso pra mim é pinto! Café pequeno. Queria ver você chegar em casa, depois de um dia inteiro de trabalho, correr para a secretária eletrônica e... nada! Ninguém telefonou pra você. Ninguém precisou de você. Ninguém lembrou de você. Aí, eu queria ver!

...

E sábado? Sábado, então, você não recebe um telefonema em casa. Zero! Nada! Aliás, recebe. Recebe telefonema *negativo*. Você corre para atender e *o Pedro está?, é da casa do Miguel?, pode me chamar o Adriano?*. Que Pedro? Que Miguel? Que Adriano? Você já passou algum sábado da sua vida atendendo enganos?

...

E você por acaso faz uma idéia do que seja todos os dias da tua vida largar a casa de um jeito, voltar oito hora mais tarde e encontrar a casa do mesmo jeitinho que você deixou? A louça na mesa, a toalha em cima da cama, o jornal no chão, aberto na mesma página. Uma verdadeira natureza morta em três dimensões. Você chega e parece que você morreu. *O quarto ficou do jeito que ela deixou. Não se mexeu em nada.*

...

Deixa eu falar!!! Todo ano eu compro uma agenda nova porque é ano-novo. Só por isso. Porque eu acho bonito agenda. As páginas são todas brancas. Ano-novo, ano-velho, todas as páginas em branco. Tem anotado um médico aqui, um dentista ali – doença é programa! – , mais adiante o meu aniversário, o vencimento da prestação de alguma coisa que eu, com certeza, já me arrependi de ter comprado... e só! O resto são páginas e páginas do mais puro branco.

...

Já tentei me corresponder, sim! Claro. Eu já tentei de tudo. Mas nunca vai pra frente. Nas revistas sempre têm uns estrangeiros que querem se corresponder com *nativas*. Só ficam nos cartões postais. São paredes de cartões postais de lugares que eu nunca vou conhecer. Lugares onde moram pessoa que já não se lembram de mim. Desisti. Ficou só uma parede colorida.

...

Deixa eu falar. Deixa eu completar o raciocínio. Não foi sempre assim. Quer dizer, era assim, mas eu é que pensava que não era para sempre. Quando eu tive uma das primeiras crises, eu cheguei até a ligar pra cá, pro *Você não está só!*. Foi bom, eu chorei, dei uma lavada. Mais tarde, quando comecei a achar que devia fazer alguma coisa de útil para os outros, que devia me dedicar a pessoas que sofrem – na minha fase pré-caridade –, eu vim pra cá. Fiz treinamento. Comecei a ser a plantonista Vilma. Durou uns dois anos. Até começar a fase – *e-eu?*. Não podia só pensar nos outros. Precisava cuidar da minha vida. E... cadê a minha vida? Essa coisa tão importante pra todo mundo? Eu não tinha. Simplesmente, eu não tinha. Era a coisa mais sem graça, mais parada, mais morna, mais sem vida, a minha vida. A minha vida não tinha assunto. Voltei. A minha vida são essas quatro horas semanais do plantão. A minha vida é a minha voz. Parece bobagem, mas é verdade. Se você não liga, ninguém vai descobrir que eu existo. Nem eu vou acreditar que eu existo.

...

Tô melhor, sim.

...

Agora você. Pode falar. Agora, eu estou ouvindo. Juro.

...

Verdade. Eu estou bem. Passou. De vez em quando, vem assim, forte. Depois que eu falo, sempre passa. Obrigada. Não é assim sempre.

...

Então liga semana que vem, tá? Meu plantão é de dez às catorze. Toda quinta.

...

É, toda quinta, sim. Eu não falto nunca. Pode me procurar. Vilma. Plantonista Vilma.

...

Quinta que vem, hein? Tá combinado! Vou esperar.

...

Até quinta!

...

Obrigada, mesmo!

...

Um outro, enorme, pra você!

FIM

Índice

Créditos das fotografias

Fulaninha & Dona Coisa:

André Fortes - Montagem Arena (SP) 42, 49, 52

Flavio Colker - Montagem Nanini 59, 62, 69, 78, 89, 105

Jairo Delano - Montagem Belo Horizonte 22, 30, 36

Homeless: João Caldas 116, 121, 141, 164, 182, 217

Cor de Chá: Ronaldo Aguiar 220, 227, 232, 235

Coleção Aplauso

Série Cinema Brasil

Alain Fresnot – Um Cineasta sem Alma
Alain Fresnot

Anselmo Duarte – O Homem da Palma de Ouro
Luiz Carlos Merten

Ary Fernandes – Sua Fascinante História
Antônio Leão da Silva Neto

Bens Confiscados
Roteiro comentado pelos seus autores Daniel Chaia e Carlos Reichenbach

Braz Chediak – Fragmentos de uma Vida
Sérgio Rodrigo Reis

Cabra-Cega
Roteiro de Di Moretti, comentado por Toni Venturi e Ricardo Kauffman

O Caçador de Diamantes
Roteiro de Vittorio Capellaro, comentado por Máximo Barro

Carlos Coimbra – Um Homem Raro
Luiz Carlos Merten

Carlos Reichenbach – O Cinema Como Razão de Viver
Marcelo Lyra

A Cartomante
Roteiro comentado por seu autor Wagner de Assis

Casa de Meninas
Romance original e roteiro de Inácio Araújo

O Caso dos Irmãos Naves
Roteiro de Jean-Claude Bernardet e Luis Sérgio Person

Como Fazer um Filme de Amor
Roteiro escrito e comentado por Luiz Moura e José Roberto Torero

Críticas de Edmar Pereira – Razão e Sensibilidade
Org. Luiz Carlos Merten

Críticas de Jairo Ferreira – Críticas de invenção: Os Anos do São Paulo Shimbun
Org. Alessandro Gamo

Críticas de Luiz Geraldo de Miranda Leão – Analisando Cinema: Críticas de LG
Org. Aurora Miranda Leão

Críticas de Ruben Biáfora – A Coragem de Ser
Org. Carlos M. Motta e José Júlio Spiewak

De Passagem
Roteiro de Cláudio Yosida e Direção de Ricardo Elias

Desmundo
Roteiro de Alain Fresnot, Anna Muylaert e Sabina Anzuategui

Djalma Limongi Batista – Livre Pensador
Marcel Nadale

Dogma Feijoada: O Cinema Negro Brasileiro
Jeferson De

Dois Córregos
Roteiro de Carlos Reichenbach

A Dona da História
Roteiro de João Falcão, João Emanuel Carneiro e Daniel Filho

Fernando Meirelles – Biografia Prematura
Maria do Rosário Caetano

Fome de Bola – Cinema e Futebol no Brasil
Luiz Zanin Oricchio

Guilherme de Almeida Prado – Um Cineasta Cinéfilo
Luiz Zanin Oricchio

Helvécio Ratton – O Cinema Além das Montanhas
Pablo Villaça

O Homem que Virou Suco
Roteiro de João Batista de Andrade, organização de Ariane Abdallah e Newton Cannito

João Batista de Andrade – Alguma Solidão e Muitas Histórias
Maria do Rosário Caetano

Jorge Bodanzky – O Homem com a Câmera
Carlos Alberto Mattos

José Carlos Burle – Drama na Chanchada
Máximo Barro

Luiz Carlos Lacerda – Prazer & Cinema
Alfredo Sternheim

Maurice Capovilla – A Imagem Crítica
Carlos Alberto Mattos

Narradores de Javé
Roteiro de Eliane Caffé e Luís Alberto de Abreu

Pedro Jorge de Castro – O Calor da Tela
Rogério Menezes

Ricardo Pinto e Silva – Rir ou Chorar
Rodrigo Capella

Rodolfo Nanni – Um Realizador Persistente
Neusa Barbosa

Ugo Giorgetti – O Sonho Intacto
Rosane Pavam

Viva-Voz
Roteiro de Márcio Alemão

Zuzu Angel
Roteiro de Marcos Bernstein e Sergio Rezende

Série Crônicas

Crônicas de Maria Lúcia Dahl – O Quebra-cabeças
Maria Lúcia Dahl

Série Cinema

Bastidores – Um Outro Lado do Cinema
Elaine Guerini

Série Ciência & Tecnologia

Cinema Digital – Um Novo Começo?
Luiz Gonzaga Assis de Luca

Série Teatro Brasil

Alcides Nogueira – Alma de Cetim
Tuna Dwek

Antenor Pimenta – Circo e Poesia
Danielle Pimenta

Cia de Teatro Os Satyros – Um Palco Visceral
Alberto Guzik

Críticas de Clóvis Garcia – A Crítica Como Ofício
Org. Carmelinda Guimarães

Críticas de Maria Lucia Candeias – Duas Tábuas e Uma Paixão
Org. José Simões de Almeida Júnior

João Bethencourt – O Locatário da Comédia
Rodrigo Murat

Leilah Assumpção – A Consciência da Mulher
Eliana Pace

Luís Alberto de Abreu – Até a Última Sílaba
Adélia Nicolete

Maurice Vaneau – Artista Múltiplo
Leila Corrêa

Renata Palottini – Cumprimenta e Pede Passagem
Rita Ribeiro Guimarães

Teatro Brasileiro de Comédia – Eu Vivi o TBC
Nydia Licia

O Teatro de Alcides Nogueira – Trilogia: Ópera Joyce – Gertrude Stein, Alice Toklas & Pablo Picasso – Pólvora e Poesia
Alcides Nogueira

O Teatro de Ivam Cabral – Quatro textos para um teatro veloz: Faz de Conta que tem Sol lá Fora – Os Cantos de Maldoror – De Profundis – A Herança do Teatro
Ivam Cabral

Teatro de Revista em São Paulo – De Pernas para o Ar
Neyde Veneziano

O Teatro de Samir Yazbek: A Entrevista – O Fingidor – A Terra Prometida
Samir Yazbek

Teresa Aguiar e o Grupo Rotunda – Quatro Décadas em Cena
Ariane Porto

Série Perfil

Aracy Balabanian – Nunca Fui Anjo
Tania Carvalho

Ary Fontoura – Entre Rios e Janeiros
Rogério Menezes

Bete Mendes – O Cão e a Rosa
Rogério Menezes

Betty Faria – Rebelde por Natureza
Tania Carvalho

Carla Camurati – Luz Natural
Carlos Alberto Mattos

Cleyde Yaconis – Dama Discreta
Vilmar Ledesma

David Cardoso – Persistência e Paixão
Alfredo Sternheim

Emiliano Queiroz – Na Sobremesa da Vida
Maria Leticia

Etty Fraser – Virada Pra Lua
Vilmar Ledesma

Gianfrancesco Guarnieri – Um Grito Solto no Ar
Sérgio Roveri

Glauco Mirko Laurelli – Um Artesão do Cinema
Maria Angela de Jesus

Ilka Soares – A Bela da Tela
Wagner de Assis

Irene Ravache – Caçadora de Emoções
Tania Carvalho

Irene Stefania – Arte e Psicoterapia
Germano Pereira

John Herbert – Um Gentleman no Palco e na Vida
Neusa Barbosa

José Dumont – Do Cordel às Telas
Klecius Henrique

Leonardo Villar – Garra e Paixão
Nydia Licia

Lília Cabral – Descobrindo Lília Cabral
Analu Ribeiro

Marcos Caruso – Um Obstinado
Eliana Rocha

Maria Adelaide Amaral – A Emoção Libertária
Tuna Dwek

Marisa Prado – A Estrela, O Mistério
Luiz Carlos Lisboa

Sérgio Viotti – O Cavalheiro das Artes
Nilu Lebert

Silvio de Abreu – Um Homem de Sorte
Vilmar Ledesma

Sonia Oiticica – Uma Atriz Rodrigueana?
Maria Thereza Vargas

Suely Franco – A Alegria de Representar
Alfredo Sternheim

Tatiana Belinky – ... E Quem Quiser Que Conte Outra
Sérgio Roveri

Tony Ramos – No Tempo da Delicadeza
Tania Carvalho

Vera Holtz – O Gosto da Vera
Analu Ribeiro

Walderez de Barros – Voz e Silêncios
Rogério Menezes

Zezé Motta – Muito Prazer
Rodrigo Murat

Especial

Agildo Ribeiro – O Capitão do Riso
Wagner de Assis

Carlos Zara – Paixão em Quatro Atos
Tania Carvalho

Cinema da Boca – Dicionário de Diretores
Alfredo Sternheim

Dina Sfat – Retratos de uma Guerreira
Antonio Gilberto

Eva Todor – O Teatro de Minha Vida
Maria Angela de Jesus

Eva Wilma – Arte e Vida
Edla van Steen

Gloria in Excelsior – Ascensão, Apogeu e Queda do Maior Sucesso da Televisão Brasileira
Álvaro Moya

Lembranças de Hollywood
Dulce Damasceno de Britto, organizado por Alfredo Sternheim

Maria Della Costa – Seu Teatro, Sua Vida
Warde Marx

Ney Latorraca – Uma Celebração
Tania Carvalho

Raul Cortez – Sem Medo de se Expor
Nydia Licia

Sérgio Cardoso – Imagens de Sua Arte
Nydia Licia

Formato: 12 x 18 cm

Tipologia: Frutiger

Papel miolo: Offset LD 90 g/m²

Papel capa: Triplex 250 g/m²

Número de páginas: 288

Tiragem: 1.500

Editoração, CTP, impressão e acabamento:
Imprensa Oficial do Estado de São Paulo

Dados Internacionais de Catalogação na Publicação (CIP)
(Câmara Brasileira do Livro, SP, Brasil)

Marinho, Noemi
O teatro de Noemi Marinho. -- São Paulo : Imprensa Oficial do Estado de São Paulo, 2007.
288p. : il. - (Coleção aplauso. Série teatro Brasil / coordenador geral Rubens Ewald Filho)

Conteúdo: Fulaninha e Dona Coisa ; Homeless ; Cor de chá ; Plantonista Vilma.
ISBN 978-85-7060-535-1

1. Crítica teatral 2. Peças de teatro 3. Teatro - História e crítica I. Ewald Filho, Rubens. II. Título. III. Série.

07-4082 CDD-809.2

Índices para catálogo sistemático:
1. Teatro : Literatura : História e crítica
809.2

Foi feito o depósito legal na Biblioteca Nacional
(Lei nº 10.994, de 14/12/2004)

Imprensa Oficial do Estado de São Paulo
Rua da Mooca, 1921 Mooca
03103-902 São Paulo SP
www.imprensaoficial.com.br/livraria
livros@imprensaoficial.com.br
Grande São Paulo SAC 11 5013 5108 | 5109
Demais localidades 0800 0123 401

editoração, ctp, impressão e acabamento

imprensaoficial

Rua da Mooca, 1921 São Paulo SP
Fones: 6099-9800 - 0800 0123401
www.imprensaoficial.com.br